R. Kalb

Wissensbasierte Systeme in der Psychiatrie

Wissensbasierte Systeme in der Psychiatrie

Untersuchungen zur Entwicklung, Validierung und Akzeptanzevaluation diagnoseunterstützender regelbasierter Expertensysteme in der Psychiatrie

Mit 14 Abbildungen
und 44 Tabellen

Schattauer Stuttgart – New York 1991

CIP-Titelaufnahme der Deutschen Bibliothek

Kalb, Roland: Wissensbasierte Systeme in der Psychiatrie : Untersuchungen zur Entwicklung, Validierung und Akzeptanzevaluation diagnoseunterstützender regelbasierter Expertensysteme in der Psychiatrie / Roland Kalb. – Stuttgart ; New York : Schattauer, 1991
ISBN 3-7945-1405-X

Printed in Germany

Druck und Einband: Allgäuer Zeitungsverlag, Kotterner Straße 64, D-8960 Kempten, Germany.

ISBN 3-7945-1405-X

Inhalt

I. Fragestellung

Diese Arbeit dient der Beantwortung der Frage, ob der Computer der Psychiatrie innerhalb bestimmter Fragestellungen sinnvolle Unterstützung bieten kann. Um diese Frage beantworten zu können, sind die nachfolgenden Untersuchungen durchgeführt worden.

Im Prinzip gibt es drei Möglichkeiten, wie ein Computerprogramm in der Medizin eingesetzt werden kann: das Programm kann direkt auf einen Datenspeicher zugreifen, es kann sich selbst an den Patienten wenden und ihm Fragen stellen, oder es kann mit dem Arzt in einen Dialog über einen Patienten eintreten. Von all diesen Möglichkeiten wäre wohl das direkte Befragen eines Patienten durch ein Computerprogramm am ökonomischsten. Aus der Literatur (siehe unten) war hinreichend bekannt, daß bestimmte Patientengruppen eine solche Befragung sogar anderen Möglichkeiten vorziehen.

Wir haben daher in einer Voruntersuchung ein einfaches Programm, alkoholkranke Patienten befragen lassen, und eine sehr gute Akzeptanz angetroffen. Trotzdem wirft diese erste Untersuchung viele Fragen auf: kann man es einem Patienten zumuten, der vielleicht noch nie mit solch einer Maschine zu tun hatte, die Fragen des Rechners zu beantworten? Wie steht es mit der Akzeptanz dieser Untersuchungsmethode bei verschiedenen Patientengruppen? Läßt es sich schließlich ethisch verantworten, einen Patienten, der Hilfe und menschliche Zuwendung sucht, wenn auch nur kurz, einer Maschine auszusetzen? Zu bedenken ist auch die Frage, ob der Patient die Fragen des Rechners so beantwortet, daß man daraus noch ein brauchbares Ergebnis ableiten kann.

Aus diesen Überlegungen heraus haben wir in den Hauptuntersuchungen, wo es sich um depressive und suizidale Patienten handelte, einen anderen Zugang gewählt. Wenn das Programm solche Daten abfragt, die der Arzt in einer üblichen Untersuchung erhebt, dann war es vorstellbar, daß dieser selbst mit dem Programm in Kontakt trat. Das Programm wurde nun als wissensbasiertes Expertensystem gestaltet, und seine Aufgabe sollte die Differentialdiagnose des depressiven Syndroms sein. Das Wissen des Programmes wurde der klinischen Erfahrung entnommen.

In einer Reihe von Studien konnte die hohe Übereinstimmung einer solchen computergestützten Diagnose mit der Klinikdiagnose gezeigt werden, wobei der Erfolg aber auch vom Wissensstand des Benutzers abhing. Die Frage, unter welchen Umständen ein Arzt dazu bereit sein könnte, wurde ausführlich untersucht. Da der Arzt meist wenig Zeit hat und alle diagnostischen oder therapeutischen Leistungen sowieso erbringen können muß, wird er nur ein Programm konsultieren, wenn dieses ein spezielles Fachwissen besitzt, das er in diesem Augenblick nicht verfügbar hat. Das wird dann der Fall sein, wenn er sich noch in der Ausbildung befindet, wenn es sich um neues, noch wenig verbreitetes Wissen handelt oder wenn ein Arzt einer anderen Fachrichtung sich informieren will.

Diese Studien waren so ermutigend, daß es nahelag, das Wissen des Programmes auf andere Fragestellungen auszudehnen. Möglichkeiten hierzu bot etwa die Ausdehung auf therapeutische Fragestellungen oder die Aufnahme neuerer internationaler Klassifikationsschemata wie das ICD-10. Weiter konnten spezielle Fragestellungen behandelt werden wie die Vorhersage der Suizidalität, die ein großes Problem der Psychiatrie darstellt. Dem diente dann eine weitere Untersuchungsreihe. Hierbei mußten aber spezielle, nicht routinemäßig erhobene Daten vom Patienten gewonnen werden. Da wir andererseits aber suizidale Patienten nicht vor einen Computer setzen wollten, haben wir sie gebeten, einen Fragebogen auszufüllen. Die Daten wurden dann gespeichert, und das erweiterte Expertensystem konnte auf sie zugreifen. Damit hatten wir die drei wesentlichen Zugangsmöglichkeiten eines Expertensystems behandelt.

Bei diesen Studien zeigte sich schnell, daß eine sich auf Literaturstudium und Erfahrung stützende Wissensbasis nicht ausreichte. Vielmehr wurde jetzt zum erstenmal versucht, eine empirische Wissensbasis aus einer Studie mit Patienten abzuleiten und an einer anderen Studie zu validieren. Dies konnte erfolgreich durchgeführt werden. Überlegt man, was sich aus diesem empirischen Wissen weiter ergeben könnte, so steht die Entwicklung eines computergestützten Modells an erster Stelle. Alle in dieser Arbeit verwendeten Programme wurden vom Autor selbst erstellt.

II. Voruntersuchung

A. Einleitung

In einer Voruntersuchung sollte die Frage beantwortet werden, inwieweit Patienten unserer Klinik bereit sein könnten, die Fragen eines Computerprogrammes zu beantworten. Um dem Programm eine sinnvolle Aufgabe zu geben und um seinen Erfolg überprüfbar zu machen, wurde die Aufgabe gestellt, die Therapiemotivation alkoholkranker Patienten vorherzusagen. Diese Vorhersage sollte dann an ihrer tatsächlichen Bereitschaft, zu einer Langzeitentwöhnung zu gehen, validiert werden.

Aus der Literatur lagen dazu ermutigende Ergebnisse vor. So haben Lucas et al.(1977) einen Vergleich angestellt zwischen einer Befragung von Alkoholpatienten durch einen Computer und durch einen Psychiater. Sie fanden, daß die Computerbefragung mindestens so genaue Daten lieferte wie die Befragung durch einen Psychiater, der in einer entsprechenden Fachklinik arbeitete. Außerdem ergab sich, daß Patienten oft dem Computer gegenüber genauere Angaben machten als dem Arzt gegenüber (z.B. was die Menge des täglich konsumierten Alkohols betraf). Ähnliche Erfahrungen hatten vorher schon Slack und Van Cura (1968) sowie Card et al.(1974) gemacht.

Auch Greist et al.(1973) hatten bereits festgestellt, daß Patienten Suizidgedanken eher dem Computer gegenüber äußerten als dem Psychiater gegenüber.

In der klinischen Psychologie beginnt man ebenfalls, den Patienten mit Hilfe eines Computers zu testen. Beispielsweise berichten Margo et al.(1983) über ihren Versuch, die Wakefield-Selbstbeurteilungsskala mit Hilfe eines Computers abfragen zu lassen. Sie wiesen nach, daß die beiden Methoden der Erhebung zu Ergebnissen führen, die signifikant korrelieren. Ähnliche Programme gibt es inzwischen für den MMPI und den HAWIE (Schwartz et al.1986).

Evans et al.(1971,1973) hatten festgestellt, daß ihre Patienten das Computerinterview "genossen" und den Computer als "freundlich" und "verständlich" einschätzten und ihm z.B. ihre Rauchgewohnheiten vertrauensvoller mitteilten als einem Arzt.

Die Gruppe der Alkoholiker erschien auch deshalb wichtig, weil nach Feuerlein (1984) 2-3% der Gesamtbevölkerung der Bundesrepublik Deutschland als Alkoholiker zu bezeichnen sind. Die Zahl der Patienten, die jährlich eine Entwöhnungsbehandlung durchlaufen, wird auf etwa 21000 geschätzt (Helas 1984).

Die Therapiekette, die ein alkoholabhängiger Patient günstigenfalls durchläuft, umfaßt folgende Stadien: Kontaktphase, oft über eine ambulante Beratung, Entgiftung und körperlicher Entzug (stationär in einer psychiatrischen Klinik), Entwöhnung in einer spezialisierten Fachklinik und anschließend ambulante Nachbetreuung, meist in einer Selbsthilfegruppe. Das vollständige Durchlaufen dieser Therapiekette bleibt oft genug nur ein Wunsch (Bühringer 1983). Die Zahl der Patienten verringert sich von Schritt zu Schritt. Andererseits weiß man, daß die Wahrscheinlichkeit der Abstinenz von der Stufe abhängt, bei der man aus der Therapiekette "aussteigt". So fanden Feuerlein und Zorn (1974) nur 7% der Patienten nach 6 Monaten noch abstinent, die aus einem psychiatrischen Großkrankenhaus entlassen worden waren. Aus Fachkliniken für Alkoholkranke erreichen uns Abstinenzziffern von etwa 40% (Rieth 1968). Nach Hänsel (1980) nennt man die Bereitschaft, diesen Weg zu gehen, in der Suchtkrankentherapie "Motivation".

Nach Brenk-Schulte und Feuerlein (1983) sieht man in der Therapieforschung gemeinhin die Therapiemotivation als unabdingbar für den Behandlungserfolg an. Ihre Bedeutung als Prädikatorvariable für den Erfolg einer Therapie und als kritischer Selektionsfaktor zur Therapie sei unumstritten. Apfelbaum (1972) kritisiert die herkömmliche Form des Klinikers, die Motivation abzuschätzen: Wenn der Patient sage, er wolle sich ändern, wenn er ehrlich erscheine ..., werde er als "gut motiviert" angesehen.

Als objektive Daten zur Messung der Therapiemotivation wurden daher verschiedene Entscheidung des Patienten herangezogen: Riedel und Ehinger (1979) nahmen als Maß die Zahl der Therapiestunden, zu denen der Patient nicht erschienen ist, Enright (1975) die Bereitschaft, an einer Gruppentherapie teilzunehmen. Nach Lundwall (1975) muß mindestens einer der folgenden Punkte erfüllt sein: Wunsch nach Abstinenz, Erkennen des eigenen Anteils an der Behandlung und die Bereitschaft, Opfer für die Behandlung zu bringen. Schließlich entwickelten sich Fragebögen als Meßinstrumente der Therapiemotivation. In Riedel und Ehinger 1979 werden die folgenden Fragebögen vorgestellt:

Orford und Hawker (1974) haben erstmals versucht, die Therapiemotivation von Alkoholkranken mit einem Fragebogen zu messen. Sie operationalisierten das Konstrukt "Motivation" mit Hilfe der Faktoren: Selbstwahrnehmung des Alkoholikers, dem Willen, das Trinken aufzugeben, und Vertrauen in den Erfolg von Abstinenz.

Hartung (1979, 1982) arbeitet an einem Fragebogen, in welchem er die folgenden Bereiche überprüft: Selbsteinsicht und Krankheitsbeurteilung, Erwartungshaltung dem Ablauf einer Behandlung gegenüber, Konsequenzen einer Behandlung für die sozialen Beziehungen im außerfamiliären Umfeld, Konsequenzen einer Behandlung für die Beziehungen innerhalb der Familie, irrationale Stellungnahmen zur Behandlung.

B. Methode

1. Die Patientenstichprobe

Die Untersuchung wurde an insgesamt 100 alkoholkranken Patienten durchgeführt. Davon waren 80 Männer und 20 Frauen. Diese Verteilung entspricht der von Küfner et al.(1986) angegebenen Geschlechtsverteilung in stationären Einrichtungen. Danach sollen in solchen Einrichtungen 73% männlichen und 27% weiblichen Geschlechtes sein. Was die Altersverteilung angeht, so war kein Patient unter 20 Jahren, 29 Patienten waren zwischen 21 und 30 Jahren alt, ebenso viele zwischen 31 und 40 Jahre, 34 Patienten waren zwischen 41 und 50, 6 Patienten zwischen 51 und 60 und 2 Patienten über 60 Jahre alt. Alle Probanden hatten zum Zeitpunkt der Untersuchung bereits zwei Wochen stationären Aufenthaltes hinter sich, so daß die somatischen Beschwerden abgeklungen waren. Bei allen Patienten war klinisch die Diagnose "Alkoholismus" gestellt worden. Die Hälfte der Patienten wurde in der Psychiatrischen Universitätsklinik Erlangen, die andere Hälfte im Bezirkskrankenhaus Erlangen befragt. Allen Patienten war gemeinsam, daß sie sich freiwillig in stationärer Behandlung befanden. Freiwillig hieß, daß keine Zwangsmaßnahme ihren Aufenthalt festlegte, freiwillig hieß allerdings nicht, daß nicht Partner, Familienmitglieder oder Arbeitgeber massiven Druck ausgeübt hatten, damit sich der Patient in Behandlung begab. Alle Patienten hatten sich während der durchschnittlichen Verweildauer von 4-6 Wochen zu entscheiden, ob sie nach dieser körperlichen Entzugsbehandlung einer Entwöhnungstherapie unterziehen sollten oder nicht. Alle Patienten waren durch den Stationsarzt informiert worden, daß wenn überhaupt, nur eine Entwöhnungsbehandlung eine dauerhafte Abstinenz gewährleisten würde. Alle Patienten nahmen freiwillig an der Befragung teil. Ansonsten war die Auswahl der Patienten zufällig.

2. Das Interview

a. Zeitraum und Ort

Die Befragung wurde im Zeitraum zwischen September 1984 bis März 1986 durchgeführt. Als Testraum diente im BKH Erlangen jeweils ein freies Zimmer auf der betreffenden Station. In der Psychiatrischen Universitätsklinik wurden verschiedene Räume außerhalb der Station benutzt.

b. Vorbereitung der Befragung

Zunächst wurde den Patienten kurz und jeweils mit in etwa den gleichen Worten der Zweck der Befragung - und nach ihrem Einverständnis zur Teilnahme - die Funktion der für sie relevanten Tasten erläutert. Diese Tasten waren zur Hervorhebung aus der übrigen Tastatur mit rot beschriftet worden. Im wesentlichen wurden 10 Tasten benutzt: 6 Tasten mit den Zahlen von 1 bis 6, dann eine Ja- und eine Nein-Taste, schließlich eine Taste, mit der man in der Reihe der Fragen rückwärts und eine Taste, mit der man vorwärts "blättern" konnte. Bei Bedarf erhielten die Patienten noch zusätzliche Erläuterungen, insbesondere wenn ihr Interesse geweckt war. Mit dem Hinweis, daß man ihnen auch während des Computerinterviews gerne weitere Fragen beantworten und Hilfe leisten würde und daß sie sich Zeit lassen könnten, wurde dann die mündliche Anweisung beendet.

c. Die Befragung

Nach dem Einschalten gibt das Programm zunächst dem Patienten noch einige ergänzende kurze Informationen über Zweck und Ablauf der Befragung. Dann erscheinen die eigentlichen Fragen und die dazugehörigen Antwortmöglichkeiten (entweder ja/nein oder durchnummerierte Antwortmöglichkeiten zur Auswahl). Wenn der Patient die für ihn zutreffende Antwort ausgewählt und per Tastendruck in den Computer eingegeben hat, überprüft das Programm die Antwort auf ihre Zulässigkeit. War die Eingabe nicht korrekt, macht es den Patienten darauf aufmerksam und fordert ihn zu einer neuen Antwort auf. War die Antwort korrekt, wird sie gespeichert, und das Programm stellt die nächste Frage - sofern der Patient nicht per Rücksprungsbefehl die Neubeantwortung der letzten Frage wünscht. Der Patient kann grundsätzlich nur eine Antwort pro Frage geben. Nach der Antwort signalisiert er durch Drücken der Weitertaste, daß er mit der Antwort fertig ist. Dadurch wird jeglicher Zeitdruck vermieden. Das Computerinterview dauerte durchschnittlich 16 Minuten (längstens 30, am kürzesten in 7 Minuten).

3. Hardware und Software

Ohne Rücksicht auf die Vorteile eines großen Rechners wurde für die Befragung ein Hand-Held-Computer der Firma Olivetti gewählt. Der Patient sollte nicht das Gefühl haben, einer großen Maschine gegenüberzusitzen, sondern durch die geringe Größe des Rechners Mut bekommen, damit umzugehen. Der Microcomputer M10 von Olivetti hat eine Grundfläche von DIN-A-4 Größe und ist nur wenige Zentimeter hoch. Er hat einen kleinen Flüssigkristallbildschirm (LCD-Display), auf dem 8 Zeilen von jeweils 40 Zeichen Länge dargestellt werden können. Als Hand-Held-Computer läuft er mit Batterien und ist damit leicht transportabel (u.U. auch am Krankenbett zu verwenden). Er hat einen 6502 Microprozessor, ist also ein 8-bit-Rechner. Sein Random Access Memory (RAM) liegt bei 32 kByte, sein ROM ebenfalls bei 32 kByte. Ein besonderer Vorzug dieses Rechners war es, daß ein Teil des RAM als Speichermedium verwendet werden kann. Dadurch war es möglich, das Programm (seine Länge lag unter 10 kByte) und die Antworten der Patienten auf einfache Weise im Rechner zu speichern. Persönliche Daten wurden nicht gespeichert. Zur Datensicherung wurden über die serielle Schnittstelle RS-232C (V24) die Daten auf dem 16-bit-Rechner M24 von Olivetti überspielt, dort auf Diskette gespeichert und statistisch weiterverarbeitet. Das Programm wurde in Microsoft-Basic geschrieben, seine Länge betrug nicht ganz 10 kByte.

4. Der Aufbau des Programms

a. Inhalt der Fragen

Die Fragen des Programmes werden zu folgenden Themenbereichen gestellt: Sozialanamnese, Alkoholanamnese, Selbsteinschätzung des körperlichen Zustandes, Selbsteinschätzung des seelischen Zustandes, Motive für den Alkohol, Fremdmotivationen, berufliche Motivationen, Erleben der Alkoholabängigkeit, Arbeit an der eigenen Persönlichkeit, Selbsteinschätzung als Alkoholiker / Krankheitseinsicht. Aus diesem Bereich werden insgesamt 62 Fragen gestellt. Anschließend werden noch 7 Fragen gestellt, die die Akzeptanz der Methode beim Patienten messen sollten.

b. Die Bewertung der Antworten

Der zweite Teil des Programmes besteht in der automatischen Auswertung der Antworten. Dazu besitzt auch dieses Programm eine Menge von Regeln, von denen jede die Form hat:

"Wenn die Anwort x gegeben wurde, dann addiere zur Variablen y den Wert z dazu (ansonsten addiere den Wert w)".

Der in Klammer stehende Teil der Regel ist fakultativ und nicht bei allen Regeln vorhanden. Die Zahl der Regeln beträgt 73. Auch diese Regeln stellen ein Modell des klinischen Wissens (der klinischen Intuition) dar, welcher Patient gut für die Therapie motiviert ist und welcher nicht. Diese Regeln haben sich aus der Erfahrung mit einzelnen Patienten gebildet, sie stellen das heuristische Wissen dar, das der mit Suchtkranken arbeitende Arzt verwendet. Dieses Wissen ist für den Kliniker "a posteriori", für das Programm aber "a priori", d.h. es wird nicht durch statistische Methoden aus einer Zahl von Patienten berechnet. Wie kann man nun dieses Erfahrungswissen und die daraus sich ergebenden Vorhersagen validieren?

C. Ergebnisse

Der für jeden Patienten vom Programm errechnete Wert stellt nun eine Voraussage dar, die experimentell zu überprüfen ist. Der Wert wurde so berechnet, daß er die Therapiemotivation des Alkoholkranken voraussagt. Wie kann man diese Therapiemotivation des Patienten nun in der Wirklichkeit messen? Dazu wird das Vordringen des Patienten in der Therapiekette herangezogen, hier beweist sich, inwieweit er wirklich bereit ist, vom Alkohol loszukommen. Patienten, die trotz Aufklärung nach dem körperlichen Entzug nicht an einer Entwöhnungstherapie teilnehmen, besitzen eine geringere Motivation und eine schlechtere Prognose als solche, die 6 Monate in einer Fachklinik lernen, sich vom Alkhol zu loszusagen. Patienten, die diese Entwöhnung abbrechen, sind weniger motiviert als die, die durchhalten, und solche, die danach wieder trinken, weniger als die abstinent Bleibenden.

1. Korrelation von Vorhersage und Patientenverhalten

Von den 100 Patienten meldeten sich 42 zu einer Entwöhnungsbehandlung an, 38 haben diese dann angetreten. Von diesen 38 Patienten konnte bei 18 festgestellt werden, ob sie diese durchgehalten haben oder nicht. 11 Patienten haben dies geschafft, 7 haben abgebrochen. Die Werte, die die einzelnen Patienten erreichten, lagen zwischen +60 und -58. Um eine Vorhersage der Anmeldung aufgrund des erreichten Punktwertes zu ermöglichen, muß eine Entscheidungsgrenze festgelegt werden. Als einfachste Möglichkeit bietet sich die Grenze zwischen den Mittelwerten beider Gruppen an (unter der Annahme, daß die vorhandenen Ergebnisse zwei normalverteilten Grundgesamtheiten entstammen: Anmelder und Nichtanmelder).

		Vorhergesagte Gruppenzugehörigkeit	
Gruppe	**Zahl d. Fälle**	**Anmelder**	**Nichtanm.**
Anmelder	42	33	9
		79%	21%
Nichtanmelder	58	24	34
	41%	59%	

Tab.1: Ergebnisse der Klassifikation mit Hilfe der subjektiven Bewertung (n=100). Mit Grenze = (Mittelwert1 + Mittelwert2) /2 = 25. D.h., wer 25 und mehr Punkt erreicht, soll als Anmelder vorausgesagt werden, wer darunterliegt als Nichtanmelder.

Die richtige Vorhersagequote liegt insgesamt bei 67%, also 17% über dem Zufallsergebnis. Um den Zusammenhang zwischen Voraussagegröße (Punktezahl) und dem Kriterium (Anmeldung oder nicht) zu bestimmen, wird der biseriale Korrelationskoeffizient r (bis) berechnet (Walsh u. Betz 1985).

Im Hinblick auf die Dichotomie des Kriteriums Anmeldung (ja/nein) bietet sich zwar die Verwendung des punktbiserialen Korrelationskoeffizienten an. Da das Kriterium selbst nur die Operationalisierung der Therapiemotivation ist, diese aber in jeder Ausprägung vorkommen kann, wurde ersterer bevorzugt. Die Berechnung (Claus u. Ebner 1982) ergab r(bis) = 0.47. Da r'(98; 0.05) = 0.1966, besteht zwischen der Punktezahl und dem Anmeldeverhalten ein statistisch signifikanter Zusammenhang. Eine Korrelation des Durchhaltens mit dem Wert findet sich nicht. Dazu sind die Zahlen bezüglich des Durchhaltens der Patienten auch zu klein. Offensichtlich ist der Zeitraum auch zu groß. In dieser Zeit können Änderungen der Motivation stattfinden. Die Änderung der Motivationslage zwischen Anmeldung und Antritt ist hingegen gering. Nur vier Patienten, die sich anmeldeten, haben die Entwöhnung nicht angetreten. Obwohl der Zeitraum oft einige Wochen, manchmal sogar 1 bis 2 Monate beträgt. D.h., hier wirkt noch die gleiche Motivationslage, die auch in der Befragung bestimmt wurde.

2. Akzeptanzevaluation

Im Anschluß an das eigentliche Interview wurden dem Patienten ebenfalls vom Rechner noch 7 Fragen gestellt, die seinen Umgang mit dem Rechner betrafen.

Die erste Frage (Frage 64 des Gesamtinterviews) lautete: Was würden Sie lieber machen, einen Fragebogen ausfüllen oder mit Hilfe eines Computerprogrammes

Fragen beantworten. 89 Patienten zogen die computergestütze Methode dem Fragebogen vor, 7 Patienten hätten lieber einen Fragebogen ausgefüllt und 4 Patienten gaben keine Antwort an. Bei diesen Anworten ergaben sich keine wesentliche Differenzen bezüglich Alter und Geschlecht.

Die nächste Frage (Frage 65) lautete: Was würden Sie lieber machen, einem Computerprogramm Fragen beantworten, oder einem Arzt Fragen beantworten? 63 Patienten würden den Arzt vorziehen, 33 Patienten würden immerhin den Computer dem Arzt vorziehen, und 4 gaben keine Antwort. Auch hier differierte die Geschlechtsverteilung nicht. Bei der Altersverteilung neigte die Gruppe zwischen 21 und 30 Jahren etwas mehr zum Arzt (71%), die Gruppe zwischen 31 und 40 Jahren etwas weniger zum Arzt (56%) als die Gesamtgruppe.

Die Frage 66 schließlich hieß: Waren die Fragen anstrengend?

Hier antworteten 95 Patienten mit "nein", 4 mit "ja", und einer gab keine Antwort. Die Geschlechts- und Altersverteilung wich nicht wesentlich von diesem Wert ab.

Die Frage 67 lautete: Wenn diese Computerinterviews häufiger in der Medizin eingesetzt werden würden, für wen würden Sie sie empfehlen - nur für Männer, nur für junge Leute, für jedermann?

Die erste Möglichkeit, nur für Männer, wurde von keinem Patienten in Betracht gezogen. Lediglich eine Altersdifferenzierung wurde von 9 Patienten für richtig gehalten, von 90 Patienten aber wurde der Einsatz bei jedermann gutgeheißen. Ein Patient hatte keine Antwort gegeben. Interessanterweise meinten relativ mehr junge Leute (18% der 21 bis 30 jährigen, diese Methode ihrem Alter vorzubehalten, während relativ mehr ältere Patienten meinten, daß diese Methode jedem Alter angeboten werden sollte; nur 3% der 41- bis 50jährigen wollten sie auf den Einsatz bei jungen Leuten beschränken)

Die Frage 68 sollte herausfinden helfen, inwieweit der Patient das Gefühl hatte, daß der Computer auf ihn eingehen konnte. Sie lautete: Haben Sie sich durch die Computerbefragung persönlich angeprochen gefühlt, oder war es Ihnen zu mechanisch? 82 Patienten fühlten sich in der Tat persönlich angesprochen, 15 Patienten war es zu mechanisch, und 3 gaben keine gültige Antwort ab. Die Alters- und Geschlechtsverteilung erbrachte keine abweichenden Ergebnisse, genauso wie in der nächsten Frage.

Die Frage 69 lautete: Hat ihnen der Umgang mit dem Computer gefallen? Hier antworteten 95 Patienten mit "ja", 2 mit "nein", und 3 gaben keine gültige Antwort.

Die Frage 70 lautete: War der Umgang mit dem Computer schwierig für Sie? 3 Patienten antworteten mit "ja", 93 Patienten mit "nein", und 4 Patienten gaben keine Antwort. Auffallend war hier, daß alle 3 Patienten, denen der Umgang schwerfiel, der Altersgruppe von 21 bis 30 Jahren angehörten, 2 davon waren Frauen.

D. Diskussion

1. Vergleich mit der Literatur

Das Programm erzeugt also einen Wert, der mit der Tatsache korreliert, ob ein Patient sich zu einer Entwöhnung anmelden bzw. sie antreten wird. Die Ergebnisse sind daher gegenüber der Äußerung Feuerleins (1984): "Die am Anfang vorgenommene Einschätzung erweist sich in etwa der Hälfte der Fälle als unzutreffend, gemessen an dem weiteren Verlauf" als Fortschritt anzusehen.

Es kann aber keine Voraussage darüber gemacht werden, ob ein Patient diese Entwöhnung durchhält. Hier sind über den Zeitraum von mehreren Monaten offensichtlich Änderungen der Motivationslage möglich, die das Durchhalten der Entwöhnungsbehandlung beeinflussen.

Auf diese Veränderung der Motivationslage hat Hänsel (1980) eindringlich hingewiesen, wenn er schreibt: "Motivation ist demnach kein starres, statisches Gebilde, sondern ein komplexer Prozeß, der - wie andere menschliche Einsichten und Haltungen - mit kleinen Anfängen beginnt, allmählich wächst, Schwerpunkte bildet, sich verändert .... Man kann das Wachsen der Motivation vergleichen mit dem Enstehen eines Mosaikbildes. Wie ein solches Bild langsam, Steinchen für Steinchen entsteht, wachsen auch die Schritte der Motivation in mühevoller Kleinarbeit." Feuerlein (1984) sagt: "Therapiemotivation ist ein (u.U. langwieriger) dynamischer Prozeß, der eine Auseinandersetzung zwischen Erwartungen und Befürchtungen, eine Entwicklung von Bewältigungsstrategien darstellt. Er muß auch in weiteren Behandlungsphasen fortgeführt werden, wenn auch modifiziert." Diese Änderung der Therapiemotivation (zum Guten, aber auch zum Schlechten) erklärt, warum das Programm nur kurzfristige Prognosen (über Wochen bis maximal Monate) machen kann bei Patienten, die sich zur Entwöhnung angemeldet hatten. Auch Pfrang und Schenk (1986) fanden, daß die Einstellung alkoholkranker Patienten über den von ihnen untersuchten Zeitraum von neun Monaten nur wenig stabil war. Wenn man sich vom klinischen Standpunkt aus die Frage stellt, wozu eine solche Prognose über einen Patienten dienen könnte, wäre der ökonomische Standpunkt der, daß man damit bei der Gruppe der niedrig Motivierten unnötige Behandlungsausgaben einsparen könnte. Dieser Tendenz widerspricht Salaschek (1982) entschieden, wenn er schreibt: "... so sollte dies nicht etwa zum Anlaß genommen werden, sich bei anderen weniger zu bemühen, ihre

Motivation zu wecken." Eine Verwendung als Selektionskriterium wird auch von Antons (1980) diskutiert, wenn er schreibt: "Eine berufsethisch und sozialpolitisch wichtige Frage ... knüpft sich daran: Besteht die "richtige" Form der Hilfe darin, allen behandlungsbedürftigen - wenn auch nicht immer behandlungswilligen - Patienten zu helfen und geringerwertige Therapieziele zu akzeptieren, oder besteht sie darin, die Erfolgschancen der eigenen Institution ... zu erhöhen, indem diejenigen Patinten selektiert werden, die mit höherer Wahrscheinlichkeit einen Behandlungserfolg zeigen?"

Eine Lösung dieses Problems bestände darin, das Wissen um die Prognose eines Patienten zu einer differentiellen Therapie zu verwenden. Warum sollte man nicht für die hochmotivierte Gruppe einen eigenen Therapieweg wählen, desgleichen für die niedrigmotivierte Gruppe? Insbesondere in der Zwischengruppe könnte die Motivationsanalyse wertvolle Hinweise geben, wo die Motivation des Patienten noch Lücken und Schwachstellen aufweist. An diesen Stellen könnte eine differenzierte Motivationsarbeit ansetzen.

2. Diskussion der Interviewtechnik

Wie bereits erwähnt, sind in der bisher zu diesem Problem veröffentlichten Literatur nur positive Erfahrungen mit dem direkten Computer-Patienten-Interview beschrieben worden, wobei allerdings die Möglichkeit besteht, daß die negativen nicht veröffentlicht worden sind. Greist et al.(1973) berichteten, daß sogar 52% ihrer suizidalen Patienten einen Computer dem Arzt vorzogen, gegenüber 27% einer nichtsuizidalen Kontrollgruppe. Da Alkoholkranke diese Frage mit 33% beantworteten, scheint es so zu sein, daß der Computer um so mehr bevorzugt wurde, als es sich um sozial abweichendes Verhalten handelte. Je mehr ein Verhalten sozial abgelehnt wird, um so eher ist der betreffende Patient bereit, einen anonymen Computer zu bevorzugen. In dieses Erklärungsschema würde sich auch der Befund einpassen lassen, daß nur 25% der 21- bis 30jährigen den Computer dem Arzt vorziehen würden, aber 38% der 31- bis 40jährigen. Alkoholkranke Jugendliche und junge Erwachsene werden sozial eher toleriert als "fortgeschrittene" Alkoholkranke. Was in jungen Jahren noch als Stärke und Mannestum gilt, wird in späteren Jahren zumal beim Dazukommen von sozialen, körperlichen oder seelischen Folgen gesellschaftlich nicht mehr so leicht akzeptiert. Die 21 suizidalen Patienten der Studie von Greist et al.(1973) hatten außerdem auf einer Skala von jeweils 5 Möglichkeiten (1 = überhaupt nicht, 5 = extrem positiv) die Antwort auf die Frage "Mochten Sie das Computerinterview?" zu geben. Der Mittelwert lag hier bei 3,86. Bei der Frage "Fühlten Sie sich wohl dabei?" lag der Mittelwert sogar bei 4,14. Wenn man die in der obigen Befragung angegeben Werte betrachtet, entspricht es der Erwartung, daß der Arzt dem Computer und dieser dem Fragebogen vorgezogen wird. Der Fragebogen wird wohl am ehesten als anstrengend-mechanisch erlebt, je näher eine Methode dem natürlichen menschlichen Gespräch kommt, um so angenehmer und leichter wird sie empfunden. Daß jüngere Menschen relativ häufiger als ältere Menschen diese Interviewtechnik auf junge Leute begrenzen möchten, spricht dafür, daß junge Menschen ältere Personen anders einschätzen als diese sich selbst: das Image des schwachen, unfähigen Alten ist bei jungen Menschen noch relativ mehr verbreitet als bei älteren, die sich selbst sehr viel mehr zutrauen.

Nach Servan-Schreiber (1986) erinnert die Situation bei den Dialogprogrammen an die Einführung des Grammophons: damals wurde beklagt, daß der Kontakt zwischen Orchester und Publikum verloren gehe, die Atmosphäre des Konzertsaales fehlen würde, und niemand, der heute ein HIFI-Gerät besitzt, denkt noch an alle diese Nachteile. Ähnlich könnte die Entwicklung bei den dialogführenden Programmen verlaufen: sie können es einer großen Anzahl von Menschen erlauben, über ihre Sorgen und Probleme zu sprechen, ohne die Qualität und die Quantität der Kliniken und Ärzte zu beeinträchtigen. Die ersten Versuche, solche Programme anzubieten, werden bereits gemacht (z.B. Conflix 1985).

Die Ergebnisse dieser ersten Untersuchung waren also ermutigend. Es hat sich gezeigt, daß ein Computerprogramm in einem eng umschriebenen Gebiet helfen kann, Teilaspekte zu beantworten.

Es ging nicht darum, an Stelle des Arztes den Computer zu setzen, sondern ihn zur Ergänzung und Kontrolle der ärztlichen Meinung einzusetzen. Er sollte also nicht das Gespräch als erstes ablösen, sondern nachgeordnet innerhalb des stationären Aufenthaltes zum Einsatz kommen. Aus diesem Grund wurden auch keine ambulanten Patienten gewählt, weil in diesem Falle die Gefahr bestünde, daß er in der verhältnismäßig knapperen Zeit vom Patienten zu sehr im Vordergrund gesehen werden könnte.

Darüber hinaus gibt es sehr sensible zwischenmenschliche Bereiche, die sich einer Computerbefragung entziehen. So kann man kaum verzweifelte Patienten etwa nach einem Suizidversuch vor eine Maschine setzen. Was diese Patienten brauchen, ist menschliche Zuwendung, alles andere wäre eine Mißachtung des augenblicklichen Leides. Dies könnte sich natürlich nach einer Distanzierung des Patienten von seinem eben erfahrenen Leid ändern. Der Vorteil wäre, daß die computergestützte Untersuchung des Patienten für den Arzt keinen Zeitaufwand bedeuten würde, ihn also für andere Aufgaben freisetzen würde, auch für eine vermehrte Patientenzuwendung.

Obwohl diese ersten Ergebnisse sehr ermutigend waren, sollte die Befragung des Patienten durch einen Computer aber gerade in einem Fach wie der Psychiatrie, welches von jeher auf das Gespräch zwischen Patient und Arzt das meiste Gewicht legt, auf ganz bestimmte, eng umgrenzte Fragestellungen beschränkt bleiben. Da in den nun folgenden Studien meist ambulante Patienten teilnahmen, die depressiv waren oder gar Suizidgedanken hatten, haben wir darauf verzichtet, sie vor einen Computer zu setzen.

III. Hauptuntersuchung I

A. Einleitung I: Der Computer in der Psychiatrie

1. Erste Versuche

Die Anwendung des Computers in der Psychiatrie begann vor mehr als 20 Jahren. Auf dem Vierten Weltkongreß der Psychiatrie 1966 in Madrid wurde in 3 Plenarsitzungen ein Symposium über den Einsatz elektronischer Medien in der Psychiatrie abgehalten.

Kurz vorher war Weizenbaums ELIZA (1966) und drei Jahre vorher Colbys "Computersimulation eines neurotischen Prozesses" veröffentlicht worden (1963).

Auf dem erwähnten Kongreß berichteten Laska et al.(1968) über SCRIBE, ein Programm zur "automatischen Produktion von psychiatrischen Anamnesen". Starkweather (1968) stellte die Computer- Simulation eines psychiatrischen Interviews vor. Das Programm konnte sowohl als Patient (zur Ausbildung) als auch als Interviewer fungieren.

Helm (1965) stellte das Programm PROTRAN vor, welches psychologische Testergebnisse interpretieren konnte anhand von Regeln, wie sie der klinische Psychologe verwendet.

Die Speicherung von Patientendaten wurde von Glueck und Rosenberg (1968) sowie Eiduson et al.(1968) mit Hilfe des Computers gestaltet. Craig et al.(1968) stellten eine Programm NOVEL vor, welches umgekehrt gespeicherte Patientendaten in eine Krankengeschichte in natürlicher Sprache übersetzen konnte. Von diesen frühen Versuchen gibt es einige, die besondere Aufmerksamkeit verdienen, ja zum Teil heute noch eingesetzt werden. Diese

Programme waren als Entscheidungsbäume strukturiert. Hier entscheidet die Antwort auf eine Frage mit, welche Frage als nächste gestellt wird. Gleichzeitig werden mehrere mögliche Fragen fallengelassen und nicht weiterverfolgt. So entsteht ein Weg durch den Entscheidungsbaum bis zu einer Endverzweigung, wo eine Diagnose stehen kann. Diese ist dann quasi die Summe aller vorher getroffenen Entscheidungen.

Ein solcher Entscheidungsprozeß geht höchst ökonomisch vor: Fragen, die durch vorhergegangene Antworten sinnlos geworden sind, werden erst gar nicht mehr gestellt. Allerdings ist ein einmal eingeschlagener Weg irreversibel; d.h., wenn einmal eine falsche Entscheidung getroffen wurde, befindet man sich im falschen Pfad und kommt zum falschen Ergebnis.

Das erste Programm dieser Art war DIAGNO von Spitzer et al. (1968,1969,1974,1984). Das DIAGNO II stützt sich auf ein strukturiertes Interview zum psychischen Befund mit Namen "Psychiatric Status Schedule" und auf eine Anamnese mit Hilfe der "Current and Past Psychopathology Scale". Es kann insgesamt 46 Diagnosen erstellen. Anhand von 100 Patienten konnten Spitzer et al. nachweisen, daß die Übereinstimmung zwischen DIAGNO II und Klinikern ebenso hoch war wie zwischen zwei verschiedenen Klinikern.

Ein ähnliches Programm namens CATEGO wurde kurze Zeit später entwickelt (Wing et al. 1974). Es verwendet das Interview der "Present State Examination". Die 350 PSE-Items werden schrittweise reduziert, erst auf 140 Symptome, dann auf 35 Syndrome und schließlich 6 deskriptive Kategorien. Das Programm druckt schließlich alle Symptome, Syndrome und deskriptive Kategorien für den einzelnen Patienten aus zusammen mit einer provisorischen diagnostischen Klasse, in der der Patient eingeordnet wird.

Ein drittes Programm dieser Art wurde von Greist et al.(1976) entwickelt. Dieses Programm verwendet die "Research Diagnostic Criteria" von Spitzer et al.(1975). Es ist zu erwähnen, daß alle diese als Entscheidungsbäume aufgebauten Programme ihr Wissen dem klinischen Experten verdanken. Die Möglichkeit, Entscheidungsbäume auch aufgrund von statistischen Berechnungen zu konstruieren, haben Sturt (1981a, 1981b) sowie Quinlan (1982) bzw. Goldman et al.(1982) geschaffen. In der Psychiatrie wurde diese Möglichkeit bisher nicht angewandt.

Im deutschen Sprachraum ist vor allem das AMDP-System zu erwähnen. Hier werden vom Arzt mehrere Anamnese- und Befundbögen ausgefüllt, die anschließend vom Computer gelesen werden und dort zur weiteren Datenverarbeitung zur Verfügung stehen (Helmchen 1983). Obwohl damals viele Möglichkeiten bedacht wurden und hochinteressante Programme entstanden, kam es dennoch zu keiner breiten Verwendung des Computers in der Psychiatrie. Hamilton (1968) führte dies bereits damals darauf zurück, daß die psychiatrischen Daten "vage, nicht klar definiert und manchmal undefinierbar sind... Im Gegensatz dazu verwendet der Computer klar umrissene Daten und fest definierte Schlußfolgerungsregeln". Es ist aber zu vermuten, daß noch ein anderer wichtiger Grund der breiten Anwendung in der Psychiatrie entgegenstand. Die damaligen Programme benötigten große Computer, die im psychiatrischen Alltag nicht zur Verfügung stehen konnten. Dies änderte sich erst mit dem Erscheinen der Microcomputer.

2. Die Geschichte der regelbasierten Expertensysteme

Unter dem Namen "Produktionssysteme" wurden sie erstmals von Post (1943) eingeführt. Eine solches System besteht aus drei Teilen: einer Datenbasis, die einfach als eine Menge von Symbolen aufgefaßt werden kann, einer Wissensbasis, die aus einer Menge von Regeln besteht, wobei jede Regel als ein geordnetes Paar von Symbolen betrachtet werden kann mit einer linken (Bedingungen, Prämissen) und einer rechten Seite (Schlußfolgerungen, Konklusionen). Eine Regel hat also die Form: "Wenn diese Bedingungen erfüllt sind, dann führe jene Operationen aus."

Die dritte Komponente ist schließlich der Regelinterpreter, der zu entscheiden hat, welche Regel als nächste angewandt wird. Dies geschieht dadurch, daß er jede Regel danach absucht, ob ihre Prämissen in der Datenbasis vorhanden sind, und wenn dies der Fall ist, die rechtsstehenden Symbole in die Datenbasis hineinschreibt.

Die Regelinterpreter unterscheiden sich voneinander, ob sie einfach die erste passende Regel anwenden oder diejenige, deren Symbole am besten in der Datenbasis repräsentiert sind usw.

Ein Produktionssystem zerlegt also die möglichen Aktionen in kleine elementare Operationen und kombiniert diese miteinander. Die Kombination hängt aber mit vom Aussehen der Datenbasis ab. Das bewirkt, daß das Zusammenwirken der Regeln nicht explizit vorgegeben ist, sondern immer wieder neue Kombinationen möglich sind. Die Arbeit des Systems kann also vom Programmierer nicht mehr einfach vorhergesehen werden. Nach Hand (1985) besitzen Produktionssysteme folgende Vorteile: Ihr Wissen ist in der Wissensbasis modular angeordnet, d.h. man kann jeden Satz einzeln verändern, ohne das Restwissen zu tangieren. Außerdem ist die Wissensrepräsentation uniform durch eine Aufreihung von Sätzen leicht zugänglich und verständlich. Schließlich sind Produktionssysteme gerade für solche Wissensgebiete geeignet, die nicht genügend formalisiert sind, um sich mathematisch beschreiben zu lassen. In der Folgezeit wurden Produktionssysteme für zwei Zwecke eingesetzt: zum einen, um die menschliche Informationsverarbeitung zu simulieren, zum anderen, um möglichst wirksame und valide Expertensysteme zu entwickeln.

Eine frühe Verwendung solcher Systeme in der Linguistik ist Chomsky (1957) zu verdanken. Später benutzten sie Newell und Simon (1972) sowie Newell (1973) als Modelle des menschlichen Problemlösungsverhaltens. Die Autoren schreiben: "The production system was one of those happy events, though in minor key, that historians of science often talk about: a rather well-prepared formalism, sitting in wait for a scientific mission."

Die Methode, Produktionssysteme als psychologische Modelle zu verwenden, besteht darin, vom menschlichen Verhalten ein Protokoll anzufertigen (z.B. vom "lauten Denken beim Problemlösen") und anschließend die kleinste Menge an Produktionsregeln zu finden, die das gleiche Verhalten hervorbringt.

Anderson und Bower (1973) haben sie dazu verwendet, um die Vorgänge des menschlichen Gedächtnisses, Moran (1973), um das visuelle Vorstellungsvermögen zu modellieren. Anderson (1976) verglich die Wissensbasis mit dem Langzeitgedächtnis des Menschen, die Datenbasis mit dem Kurzzeitgedächtnis.

3. Die Idee des Expertensystems

Die beschriebenen Produktionssysteme eignen sich hervorragend, um damit sogenannte Expertensysteme zu konstruieren. Diese Expertensysteme beruhen auf folgender einfacher Idee: Nicht ein eleganter logischer Formalismus garantiert die Leistung des Systems, sondern eine große Menge an Sätzen, die man zusammenfassend als Wissen bezeichnet. Auf dieses Wissen werden allereinfachste logische Operationen angewandt und durch die Vielfalt des Wissens - nicht durch die Kraft der logischen Operationen - werden Probleme gelöst. Dieses Vorgehen bietet den großen Vorteil, daß das System seine Schlußfolgerungen dem Benutzer auf einfache, verständliche Weise erklären kann. Diese Dominanz des Wissens über die Logik ist die grundlegende Idee der Expertensysteme. Feigenbaum (1986) nennt Expertensysteme daher wissensbasierte Systeme. Nach ihm besteht das verwendete Wissen aus zwei Teilen:

1) Den Fakten eines Fachgebietes, wie sie etwa in Lehrbüchern erscheinen.

2) Dem heuristischen Wissen, das praktische, das urteilende Wissen, das der erfahrene Experte eines Faches im Laufe seines Lebens sich aneignet.

Besonders die Gewinnung des letzteren Wissens, seine Codierung und seine Validierung, stellt eine der Hauptleistungen des Expertensystem-Ansatzes dar. Der erste Einsatz solcher Produktionssysteme in einem Expertensystem wurde von Feigenbaum (1973) vorgenommen, als er DENDRAL schuf. Dieses System leitet aus Daten der Massenspektrographie und der NMR (nuclear magnetic resonance) die plausibelste Struktur einer chemischen Verbindung ab.

Der erste Einsatz eines Produktionssystems in der Medizin ist Shortliffe (1974) mit dem Programm MYCIN gelungen. Dieses Programm kann aufgrund von klinischen und Labordaten den Erreger einer Infektion (Meningitis,Bakteriämie) vorhersagen und das wirksamste Antibiotikum dazu benennen. Das bekannteste medizinische Expertensystem, welches nicht aus dieser Entwicklungslinie abstammt, ist das INTERNIST/CADUCEUS Projekt (Pople 1982), welches die Diagnose von 500 internistischen Krankheiten unterstützen soll.

Expertensysteme benutzen das Wissen von Experten und modellieren deren Entscheidungsverhalten. Zu ihrer Definition gehört ebenfalls, daß sie dazulernen können und daß sie ihre Entscheidungen dem interessierten Benutzer erklären können, wenn man sie danach fragt. Fast alle heute in Entwicklung befindlichen Expertensysteme sind regelbasierte Systeme (siehe oben). Diese Aufteilung des Wissens in einzelne Regeln bringt eine grundsätzliche Flexibilität mit sich, im Gegensatz zu den starren Entscheidungsbäumen. Jetzt können leicht Regeln modifiziert, dazugefügt oder weggenommen werden. Daraus resultiert, daß diese Systeme einer andauernden Anpassung und Entwicklung unterliegen, daß sie eine Geschichte haben. Wichtig ist auch, daß die Regeln so abgefaßt sind, daß sie für den Menschen einsehbar sind, daß er sie als Argumente akzeptieren kann und sie selbst in sein Wissen aufnehmen kann. Dieses dem Menschen nachempfundene Vorgehen sollte sie akzeptabler machen. Man sollte nicht das Gefühl haben, aufgrund geheimnisvoller statistischer Berechnungen einem diagnostischen Prozeß glauben zu müssen, sondern sollte die Argumentation des Systems nachvollziehen können. Ein weiterer wichtiger Vorteil von Expertensystemen ist, daß sie sich nicht mit allgemeinen Aussagen über einen Patienten zufriedengeben, sondern daß sie sich in einen speziellen Fall hineinfragen und alle seine Besonderheiten berücksichtigen.

4. Die Unterstützung der psychiatrischen Diagnostik

In der Psychiatrie sind diagnostische Expertensysteme heute noch nicht verfügbar, aber mehrere befinden sich in Entwicklung (Schwartz et al. 1985). Das "Blue Box Project" von Mulsant et al.(1984), das helfen soll, die Diagnose und Behandlung depressiver Patienten in Krankenhäusern zu verbessern. Ein anderes System, "Rx-Dx", wird zur Zeit von Feinberg et al. (1985) entwickelt. Es sollte helfen, depressive Verstimmungen genauer zu diagnostizieren und danach auch Vorschläge zur Therapie, Medikamenteninteraktionen und Nebenwirkungen machen können. Wenn es erfolgreich ist, soll es auch auf andere psychische Störungen und ihre Behandlung ausgeweitet werden. Kolodner (1983a und 1983b) sowie Kolodner et al.(1982) arbeiten daran, das Vorgehen des Psychiaters zu analysieren und daraus ein Expertensystem zu machen.

Schließlich berichtet Mathisen (1984) von einem Computerprogramm, welches er an 154 Patienten testete. Als Vergleichsmaßstab nahm auch er die Arbeitsdiagnose der Kliniker. Der Rechner interviewte den Patienten direkt. Es wird z.Zt an einer neuen Version gearbeitet, die so "zuverlässig sein soll wie ein durchschnittlicher Psychiater".

B. Einleitung II: Das klassifikatorische Wissen

Wenn man den Einsatz eines Expertensystems in der Psychiatrie plant, so kann man anfangs kaum das ganze Fachgebiet einbeziehen. Vielmehr ist es sinnvoll, mit einem umschriebenen Teilgebiet zu beginnen. Dafür eignet sich besonders die Differentialdiagnose des depressiven Syndroms, weil hier ein beträchtliches Erfahrungswissen verfügbar ist, der Einzelfall aber oft nur ungenügend diagnostisch eingeordnet wird.

Nach Kielholz (1974) leiden bis zu 10% der Kranken, die einen Arzt aufsuchen, an depressiven Verstimmungen. Den fast gleichen Wert fand Gastpar (1981), nach dessen Untersuchungen die Allgemeinärzte bei 11,1% ihrer Patienten behandlungsbedürftige depressive Störungen diagnostizierten. Von diesen Patienten bleiben nach Faust et al.(1983) rund 90% bei den niedergelassenen Ärzten in Behandlung. Die richtige diagnostische Zuordnung ist nicht sehr groß: es gibt Untersuchungen, daß nur 50% der depressiven Syndrome richtig eingeordnet werden (Freeling et al. 1985).

Die diagnostische Unsicherheit zeigt sich auch daran, daß die Übereinstimmung zwischen Allgemeinarzt und Psychiater nur zwischen 36% und 66% liegt (Helmchen 1984). Bedenkt man, daß sich die Kennzeichnung "Depression" schädlich auf die Behandlung vieler Patienten auswirkt, sofern man sich nicht um eine begriffliche, klare Trennung der verschiedenen Depressionsformen bemüht (Haase 1984), dann wäre eine Verbesserung auf diesem Gebiet segensreich.

Nach Lungershausen (1983) ist die diagnostische Klärung zwingend erforderlich: Je nach dem ätiologischen Schwerpunkt wird der Akzent innerhalb des therapeutischen Planes einmal mehr auf dem einen oder anderen der Behandlungsinstrumente (Psychopharmakatherapie, Psychotherapie,

Soziotherapie, somatische Therapie) liegen müssen. Ein Patient mit einem depressiven Syndrom sollte daher mindestens einer der folgenden sechs Diagnosegruppen zugeordnet werden: depressiv gefärbtes organisches Psychosyndrom, zyklothyme Depression, depressives Bild bei Schizophrenie, reaktive Depression, Neurose/abnorme Persönlichkeit mit depressiver Symptomatik sowie depressive Verstimmungen bei Medikamentenabhängigkeit (pharmakogene Depression). Diese Unterscheidung ist deshalb so wichtig, weil jede dieser Gruppen eine spezifische Therapie benötigt. Bei organischer Psychose stehen die somatischen Therapien im Vordergrund, bei zyklothymer Depression die Antidepressiva, bei Schizophrenie die Neuroleptika, bei reaktiver Depression die (stützende) Gesprächstherapie, bei Neurosen eine längerdauernde (oft jahrelange) Psychotherapie und bei pharmakogenen Depressionen der Entzug und die Entwöhnung. Die falsche Zuordnung eines Patienten zu obigen Gruppen kann schwerwiegende Konsequenzen mit sich bringen wie Zunahme des organischen Psychosyndroms bei Behandlung mit Psychopharmaka, Suizid bei unbehandelter Zyklothymie, Provokation einer paranoid-halluzinatorischen Schizophrenie bei Behandlung mit Antidepressiva, Sucht bei Pharmakabehandlung der reaktiven Depression und Neurosen, Verschleierung und Zunahme der pharmakogenen Depression bei weiterer Gabe von Pharmaka.

1. Die Aufgabe der Klassifikation

Die Klassifikation in verschiedene Diagnosen hat in der Medizin ihren guten Grund: sowohl die Therapie als auch die Prognose hängen weitgehend von dieser Entscheidung ab. Auch der Einsatz weiterer oft invasiver diagnostischer Methoden wird dadurch gelenkt.

Sowohl der Einsatz letzterer als auch die Anwendung oft ebenso invasiver Therapien erfordern eine möglichst gute Diagnostik.

2. Besonderheiten der psychiatrischen Klassifikation

Die Psychiatrie hat relativ lange gebraucht, bis sie eine den anderen medizinischen Fachgebieten vergleichbare Klassifikation erreichte. Die Grundzüge unserer gegenwärtigen Klassifikation wurden von Kraepelin sowie Kahlbaum erst Anfang unseres Jahr-hunderts festgelegt. Die Diagnosen der Psychiatrie sind nicht durch ihre Ätiologie, auch nicht durch ihre Pathologie, sondern nur auf der Syndromebene bestimmt. Diese Identifikation einer Krankheit mit einem Syndrom, d.h. einer Menge von miteinander in Beziehung stehenden Symptomen mit einer charakteristischen Prognose stammt wohl von Sydenham und ist bis heute das dominierende Krankheitsmodell der Psychiatrie. Niemand weiß, ob hinter diesen Syndromen wirkliche Krankheitseinheiten stehen, ob man je zu einem Syndrom eine einheitliche Ätiologie wird finden können.

Auch die Abgrenzung der Syndrome gegeneinander ist umstritten, wie die vielen diagnostischen Klassifikationsschemata beweisen.

Nun ist es in der Psychiatrie im allgemeinen nicht so, daß ein Patient alle Symptome eines Syndroms hat - vielmehr besitzt er jeweils einige (nicht alle) charakteristischen Symptome von zwei, drei oder gar mehr definierten Syndromen.

Die Entscheidung, welches Syndrom dann bei diesem Patienten vorliegt, hat allzuoft etwas Willkürliches an sich (Kendell 1983).

Dementsprechend niedrig ist die Reliabilität bei psychiatrischen Diagnosen. Nach Kendell (1983) wird die Reliabilität auf zwei verschiedene Weisen gemessen: entweder wird das diagnostische Interview von einem Beobachter mitverfolgt, der dann seine eigene,unabhängige Diagnose stellt, oder ein zweiter Diagnostiker macht Stunden oder Tage später ein weiteres Interview, um dann seine Diagnose zu stellen.

Während in anderen Fachgebieten die Übereinstimmung zwischen verschiedenen Diagnostikern zwischen 70 und 80% liegt (Yu et al. 1979 bei meningitischen Infektionen), ist sie bei psychiatrischen Diagnosen aus den oben erwähnten Gründen niedriger. So fanden Beck et al.(1962) bei 153 ambulanten Patienten, von denen jeder von zwei aus insgesamt vier Psychiatern in getrennten Sitzungen am gleichen Tag untersucht wurde (die Zuordnung zwischen Patient und Psychiatern war zufällig), nur eine Übereinstimmung von 54%. Die Übereinstimmung, die allein durch Zufall hätte zustande kommen können, liegt bei 15 bis 19%.

In einer zweiten Arbeit kamen die Autoren (Ward et al. 1962) zum Schluß, daß nur 5% der Unstimmigkeiten auf eine Inkonstanz von Seiten des Patienten zurückzuführen war (der Patient hatte sich bei den beiden Untersuchern unterschiedlich geäußert). In 32,5% war der Grund für die mangelnde Übereinstimmung der Unterschied bei den Psychiatern in bezug auf Fragetechnik und Wertung von Symptomen. In 62,5% war die Unstimmigkeit der Nomenklatur anzulasten. Besonders Doppeldiagnosen wie "neurotische Entwicklung bei abnormer Persönlichkeit" waren eine Hauptursache für die mangelnde Übereinstimmung.

Ein ähnliche Studie, die von Kreitman et al.(1961) durchgeführt wurde, brachte eine Übereinstimmung von 62%. Hier untersuchte der zweite Psychiater den Patienten drei bis vier Tage später. Bei dieser Reliabilitätsuntersuchung hatte man die Zahl der diagnostischen Kategorien auf 11 begrenzt. Kreitman et al. fiel auf, daß bei organischen Psychosen 75% Übereinstimmung, bei endogenen Psychosen 61% und bei Neurosen nur 28% zu erzielen war.

Auch die Studie von Sandifer et al. fand bei Schizophrenien 74% Übereinstimmung, bei Oligophrenien 73%, aber nur 26% bei Involutionspsychosen und 22% bei reaktiven Depressionen.

Insgesamt ergab sich damit das Bild, daß bei organischen Störungen höhere Übereinstimmungen erzielt werden konnten als bei endogenen Psychosen und hier höhere als bei Neurosen oder abnormen Persönlichkeiten. Wie bereits gesagt, ist nicht nur die Zuordnung eines Patienten zu einer diagnostischen Kategorie unzuverlässig, sondern auch die diagnostischen Kategorien selbst sind umstritten. In der Psychiatrie ist es im allgemeinen nicht wie in anderen Fachgebieten möglich, durch Biopsie, Histologie, Radiologie, Chirurgie oder Autopsie die Diagnose zu unterstützen. Nur bei organischen Psychosen ist es in manchen Fällen möglich, mit Hilfe des EEGs, des Computertomogramms oder anderer technischer Untersuchungen Hinweise auf die Ursache der Störung zu gewinnen.

In der Psychiatrie gibt es also bis auf Ausnahmen kein beobachtbares oder meßbares Kriterium, das Vorliegen einer Krankheit wird nur durch Erkennen des zugehörigen klinischen Syndroms geleistet.

Auf der Suche nach anderen Kriterien, um ein Syndrom zu validieren, hat man vier Möglichkeiten gefunden (Zubin 1967). Neben der Konstruktvalidität und der Inhaltsvalidität (siehe Kendell 1978) sind es vor allem die folgenden Möglichkeiten, die hier interessieren:

1) Die Voraussagevalidität. Demnach wäre das klinische Syndrom eine Hypothese, mit deren Hilfe man Voraussagen trifft wie das Ansprechen auf bestimmte therapeutische Maßnahmen oder das Auftreten von Symptomen oder sozialen Verhaltensweisen, welche zum Zeitpunkt der Diagnosestellung noch nicht vorhanden waren.

2) Die Übereinstimmungsvalidität. Diese besteht im Nachweis, daß voneinander unabhängige Methoden der Diagnosegewinnung die gleiche Diagnose ergeben. Dies wäre etwa der Fall, wenn die Diagnose, die das Computerprogramm stellt, mit der klinischen Diagnose des Psychiaters übereinstimmt oder mit einer Clusterbildung (einem statistischen Verfahren auf der Grundlage von Gemeinsamkeiten).

Kendell (1978 und 1983) weist darauf hin, daß die Voraussagevalidität diagnostischer Kategorien in der Psychiatrie begrenzt ist:

Macht man eine Verlaufsuntersuchung von Patienten, die zwei verschiedenen diagnostischen Kategorien angehören, so stellt man fest, daß es immer große Überschneidungen zwischen den beiden Gruppen gibt. Der Unterschied ist selten groß genug, um zuverlässige Voraussagen für Einzelpatienten zu erlauben. Selbst die therapeutische Wirksamkeit von bestimmten Methoden korreliert nur auf die folgende Weise mit den diagnostischen Kategorien: Man hat eine oder zwei diagnostische Kategorien, wo ihre Wirkung am ausgeprägtesten ist, andere, wo sie schwächer, jedoch noch nachweisbar ist, und wieder andere, bei denen sich so gut wie nichts ergibt. Keine von ihnen hat eine Wirkweise, die spezifisch für eine einzige diagnostische Kategorie ist, und keine ist gleichmäßig wirksam bei mehr als etwa zwei Drittel der Angehörigen selbst derjenigen Kategorie, bei welcher der therapeutische Erfolg am ausgeprägtesten ist (Kendell 1978).

Dies führte in der Psychiatrie dazu, daß im Extremfall kein logischer Zusammenhang zwischen der diagnostischen Kategorie und der Behandlungsmethode mehr besteht, wie dies in einer Arbeit von Bannister et al.(1964) gefunden wurde, daß vielmehr "Variable, die in keinem Zusammenhang mit der Diagnose stehen, eine ebenso wichtige oder noch wichtigere Rolle als die Diagnose bei der Wahl der Behandlungsform spielen".

Was die Erfahrungen mit der Übereinstimmungsvalidität angeht, so ist es gelungen, etwa mit der Clusteranalyse gewisse Fortschritte zu erzielen. So haben Everitt et al.(1971) bei 250 Patienten vier Cluster voneinander trennen können: die manische Phase der Zyklothymie, die depressive Phase der Zyklothymie, die akute paranoide Schizophrenie sowie die chronische oder Defektschizophrenie. Zu anderen Diagnosen wie etwa "depressive Neurose", "abnorme Persönlichkeit" oder "Alkoholismus" fand sich jedoch kein Cluster.

Overall (1971) hat bei der Clusteruntersuchung von 350 Patienten fünf Cluster gefunden, die er mit "Depression", "Denkstörung", "Extrapunitive Tendenzen", "Neurotizismus" sowie "Agitierheit/Erregtheit" bezeichnete. Die meisten Patienten des ersten Clusters hatten klinisch eine Depression, die des zweiten Clusters eine Schizophrenie oder eine organische Störung. Die Patienten, die zum dritten Cluster gehörten, wurden klinisch vorzugsweise als Psychopathie, die des folgenden als Neurosen eingestuft. Die Patienten des letzten Clusters hatten klinisch eine Manie.

3. Bisherige Versuche, die Diagnostik zu verbessern

Welche Möglichkeiten gibt es, die psychiatrischen Syndrome besser zu definieren, d.h. effizienter und valider voneinander zu separieren? Die oben beschriebenen Unzulänglichkeiten könnten durch das falsche, nur historisch gerechtfertigte,

Festlegen der Kategorien begründet sein. Es könnte aber auch sein, daß nicht das Festlegen der Kategorien, sondern die Zuordnung der Patienten zu den einzelnen Kategorien der Grund dafür war, daß man bisher kein Validierungskriterium auffinden konnte. Denn wenn die Patienten nicht auf einheitliche Weise in die richtige Kategorien eingeordnet werden, kann man auch nicht erwarten, daß man aus ihnen ein einheitliches Kriterium ableiten könnte. Die psychiatrische Forschung hat sich daher wie kaum ein anderes Fach der Medizin bemüht, ihren diagnostischen Prozeß zu untersuchen. Neben der exakten Definition psychiatrischer Symptome waren es vor allem standardisierte Interviews, die einen Fortschritt versprachen. So entstand ab 1965 das AMDP-System, eine Dokumentation psychiatrischer Anamnese- und Befunddaten. Die Reliabilität dieses Systems hängt davon ab, daß sich der Benutzer eng an die Vereinbarungen und Definitionen des AMDP-Manuals hält.

Ein anderes Beispiel ist die von Wing et al.(1967) entwickelte "Present State Examination". Mit Hilfe dieses strukturierten Interviews war es etwa möglich, bei der Diagnose einer Schizophrenie eine Übereinstimmungsquote verschiedener Psychiater von 92% zu erzielen (Wing et al.1967).

Nach einer Schematisierung des psychopathologischen Befundes wandte man sich der Aufgabe zu, einheitliche Klassifikationsschemata einzuführen. Die heute am meisten verwendeten sind das "International Classification of Diseases", kurz ICD (9.Revision) der WHO und das "Diagnostic and Stastical Manual of Mental Disorders", kurz DSM-III genannt, der American Psychiatric Association. Der ICD-Klassifikation muß zugute gehalten werden, daß sie z.B. bessere Voraussagen erlaubt bezüglich des Ansprechens auf trizyklische Antidepressiva oder auch auf die Elektrokrampftherapie (Andreasen 1982, Avery et al. 1983). Aber auch das ICD-Schema benutzt noch keine Ein- und Ausschlußkriterien, so daß der Willkür immer noch breiter Raum überlassen wird. Dies änderte sich bei dem DSM-III. Hier wird exakt festgelegt, bei welchen Symptomen eine Diagnose gestellt werden darf und wann nicht. Leider benutzt das DSM-III gemäß unserem nosologischen System, wie es sich in der mitteleuropäischen Tradition seit Kraepelin entwickelte, fremde und inkompatible Kategorien.

Aufgrund der beschriebenen Mängel hat die Psychiatrie als eines der ersten medizinischen Fächer sich dem Einsatz von Computern geöffnet. Hier hatte man endlich vollständige Reliabilität - jede beliebige Kombination von Symptomen führt, jedesmal eingegeben, zur gleichen Diagnose. Außerdem waren die diagnostischen Kriterien explizit festgelegt. Damit konnte man das Validierungsproblem erneut aufgreifen.

C. Methodik

1. Allgemeine Methodik

Da die Methodik in den folgenden Kapiteln genau beschrieben wird, soll an dieser Stelle nur auf die grundlegenden Gemeinsamkeiten des Ansatzes eingegangen werden.

- Prinzipiell sollen alle Eingaben nur in natürlicher Sprache erfolgen, es sollen also keinerlei Spezialkenntnisse für die Bedienung erforderlich sein.

- Alle Eingaben werden intern mit Hilfe einer normierten Sprache codiert. Mit dieser Sprache kommt der Benutzer im einfachen Dialog nicht in Kontakt. Sie dient vielmehr der internen Verarbeitung der Patientenmerkmale und wird nur beim Lernen oder Erklären auch für außen verwendet. Die Worte dieser Sprache sind bei einem Expertensystem die Begriffe des AMDP-Systems, bei einem anderen einfache Kürzel, die den Inhalt von Sätzen beschreiben. Mit Hilfe dieser Worte werden dann Regeln der Form: Wenn bei einem Patienten das Merkmal A und B und ... vorhanden ist, dann führe eine bestimmte Operation aus (stelle diese Frage oder diese Diagnose oder ziehe jene Schlußfolgerung).

Nach Silomon (1987) folgt im Kern der Medizin das Denken und Handeln solchen Regeln und nicht Gesetzen. Während ein Gesetz in den Naturwissenschaften aussagt, welche Ursache welche Wirkungen nach sich zieht und dies beliebig oft wiederholbar und mit Sicherheit vorhersehbar, sind Regeln von einem "geringeren Härtegrad". Sie verknüpfen nicht Ursachen und Wirkungen miteinander, sondern sagen aus, daß bestimmte Gründe wahrscheinlich, also mindestens in der Mehrzahl der Fälle zu bestimmten Folgen führen. Im allgemeinen wirken dabei mehrere Faktoren und begünstigende Begleitumstände (Bedingungen) mit auf die Entstehung der Folgen ein.

Auch psychiatrisches Wissen kann in Form von Regeln dargestellt werden, wie Bochnik et al.(1986) betonen: "Krankheiten werden daher regelwissenschaftlich (= naturwissenschaftlich) erforscht und begrifflich abgebildet. Es ist eine Besonderheit der Medizin gegenüber manchen anderen angewandten Wissenschaften, daß sie unter dem Zwang zum hilfreichen Handeln steht, ohne Rücksicht darauf, wie weit und in welchen Teilbereichen die Forschung schon rationelle Grundlagen erarbeitet hat. Wir können mehr, als wir verstehen. Regelerkenntnis gründet sich auf die Herausfilterung des Gemeinsamen aus der Vielfalt und der Vielzahl des Individuellen. ...Die Medizin ist durch Regelerkenntnis zur modernen Medizin mit ihrer außerordentlichen Leistungsfähigkeit geworden, d.h. durch das Absehen können von Individualität.

Psychiatrie ist insofern Teil der gesamten Medizin, als auch sie mit Krankheiten zu tun hat, deren regelwissenschaftliche Aufklärung therapeutisch erforderlich ist."

- Der wichtigste Schritt ist nun die Gewinnung inhaltlich richtiger Regeln aus dem verfügbaren psychiatrischen Wissen. Die Güte dieser Darstellung entscheidet über die Validität des Systems.

Nach Schüttler (1986) ist die Psychiatrie in einer besonderen Situation: Statt nach Gesetzmäßigkeiten zu fragen, die nur in immer wiederholten Beobachtungen darzustellen und statistisch zu erfassen sind, kommt es in der verstehenden Psychologie darauf an, Einsicht in Zusammenhänge zu bekommen. Dieses Vorgehen beinhaltet aber, daß das Erleben des Einzelnen letztlich als Maßstab dienen muß. Dementsprechend wurden die Regeln fast durchweg am Einzelfall aufgrund diagnostischer Überlegungen gebildet und anhand weiterer Fälle schärfer gefaßt oder kritisiert.

- Das Einbringen einer großen Menge solcher Regeln in ein Computerprogramm eröffnete sodann die Chance, exakt zu überprüfen, inwieweit in der Diagnostik die Tragfähigkeit eines solchen Regelsystems reicht. Durch seine Anwendung auf eine große Zahl von Einzelfällen konnten computergestützte Diagnosen oder Aussagen gewonnen werden, die anschließend mit externen Kriterien zu validieren waren.

- Schließlich wurde an einigen Beispielen auch die Akzeptanz solcher Systeme geprüft (siehe Anhang I).

2. Hardware

Das Programm läuft auf einem kompatiblen 16-bit-Rechner, der heute zum Industriestandard in dieser Klasse geworden ist. Der Rechner arbeitet mit dem Prozessor 8086, hat 640 kByte Hauptspeicher und eine Taktfrequenz von 8 MHz. Der Rechner hat zwei Diskettenstationen von jeweils 720 kByte. Das Betriebssystem ist die MS-DOS Version 3.2 von Microsoft.

3. Software

Das Programm ist in GW-Basic geschrieben. Das Programm selbst belegt ca. 15 kByte des Hauptspeichers. Etwa 130 kByte werden zur Zeit von der Wissensbasis belegt. Da das Basic zur Zeit nur 64 kByte des Hauptspeichers verwalten kann, war man gezwungen, nur die Teile der Wissensbasis in den Hauptspeicher zu laden, die unbedingt vonnöten waren. Der Rest wird in einer RAM-DISK gehalten, das ist eine virtuelle Diskette, die auf dem restlichen Hauptspeicher errichtet wird. Die Größe der RAM-DISK liegt zur Zeit bei 256 kByte, kann aber auf 384 kByte und mehr erweitert werden. Das Programm ist mit dem Basic Compiler QUICKBASIC von MICROSOFT Version 1.00 compiliert. Dabei wird es in eine Form umgewandelt, die einen bedeutend schnelleren Ablauf zuläßt (bis zu viermal schneller). Damit wird die Zeitspanne zwischen der Beantwortung einer Frage durch den Arzt und dem Stellen der nächsten Fragen durch den Rechner so verkürzt, daß der gesamte Dialog über einen Patienten nur wenige Minuten dauert.

4. Die Wissensbasis

In der Wissensbasis steht das Wissen des Programms über die psychiatrische Diagnostik in der Form einzelner Sätze. Zur Zeit besitzt das Programm ca. 1000 solcher Sätze. Jeder dieser Sätze hat die Form einer Regel: Wenn ein Patient bestimmte Symptome bzw. anamnestischen Hinweise hat, dann wird eine bestimmte Operation (Frage,interne Schlußfolgerung,Diagnose) ausgeführt. In dem hier vorgestellten Expertensystem kann eine Regel maximal 6 Bedingungen (Prämissen) haben und eine Operation (Konklusion). Die Prämissen sind nicht alle gleichberechtigt. Eine der 6 Prämissen, die Hauptprämisse muß unbedingt erfüllt sein, wenn die Regel angewandt werden soll, eine andere Prämisse, die Vetoprämisse darf auf keinen Fall erfüllt sein, soll es zur Regelanwendung kommen.

Je nach Aussehen der Konklusion kann man die Regeln einteilen in

solche, bei denen die Konklusion aus einer Frage an den Arzt besteht oder bei denen eine interne Schlußfolgerung (Arbeitshypothese) gezogen wird oder bei denen eine externe Schlußfolgerung (Diagnose) gestellt wird. Die Abb.1 zeigt einen Ausschnitt aus der Regelmenge. Das System benützt intern Abkürzungen für die Symptome, um im Arbeitsspeicher Platz zu sparen.

R0 ---> Welches Leitsymptom hat der Patient?

R25 4*!DEPRESS /GRUND ---> Gibt es eine Ursache für die Depression?

R429 5*!GRUND/!KONFLIKT ---> Welcher Grund liegt vor: Verlust, körperl. Erkrankung, Konflikt etc.?

R238 3*!GRUND/MOMENT ---> Gibt es noch Momente, in denen sich der Patient freuen kann?

R239 !MOMENT,2*!GRUND/KONFLIKT ---> Befindet sich der Patient in einer Konfliktsituation?

R36 2*!DEPRESS/PHAS ---> Sind bei dem Patienten früher depr. Phasen aufgetreten?

R73 3*!DEPRESS,!REAKT.DEPR/MERK ---> Ist die Merkfähigkeit obj.vermindert?

R1 !DEPRESS/MORGENTIEF ---> Hat der Patient ein Morgentief?

R132 !DEPRESS,!GRUND,*PHAS,*MORGENTIEF,*FAMILI/!ZYKLOTHYM ---> War der Patient schon immer von alltäglichen Problemen leicht überfordert(asthenisch)?

R37 *MORGENTIEF,!GRUND,!DEPRESS,*DURCHSCHLAFST/FAMILI ---> Liegt bei dem Patienten eine familiäre Belastung vor?

R40 !GRUND,*WAHNEINFALL,*PHAS,*FAMILI ---> !V.A.REAKTIV

R170 5*!V.A.REAKTIV/!ANTIZYK ---> !ANTIZYK

(Anm: Mit !V.A.REAKTIV bildet das System die Hypothese "reaktive Depression", mit !ANTIZYK lehnt es die Hypothese "zyklothyme Depression ab".)

R128 4*!V.A.REAKTIV/APPETIT ---> Ist der Appetit vermindert?

R415 4*!V.A.REAKTIV/ZEIT ---> Seit wann ist die Stimmung gedrückt(Tage,Wochen,Monate,Jahre)?

R448 5*!JAHR/!ZEIT ---> !ZEIT

R29 !DEPRESS,!APPETIT,*MORGENTIEF/DEPRESS.PER ---> War der Patient schon immer eine depressive Persönlichkeit?

```
R41     !GRUND,!DEPRESS,*DURCHSCHLAFST,*MORGENTIEF,
        *DEPRES.PER ---> !REAKT.DEPR

R407    !ANTIZYK,4*REAKT.DEPR/MEDIKAMENT ---> Hat der
        Patient vermehrt Medikamente (Benzodiazepine,
        Analgetica) eingenommen?

R62     !V.A.REAKTIV,*PHAS,*FAMILI,*MEDIKAMENT,
        !JAHR/!ORG.PSYCHOSYN ---> !DEPRESS.ENTW

R412    5*!REAKT.DEPR/!ANGST ---> !ANTINEU

R384    !ANTIZYK,2*!ANTINEU,2*!MERK/WAHNEINFALL ---> Sind
        Wahneinfälle aufgetreten?

R498    !DEPRESS.ENTW,!V.A.REAKTIV,*PHAS,*FAMILI,!JAHR --->
        Es liegt eine depressive Entwicklung vor.
```

Abb.1:Ausschnitt aus der Wissensbasis des Diagnosesystems. Der Ausschnitt stellt die Regelsequenz für den Patienten Nr.19 aus Studie C dar. Die Ziffern vor den Merkmalen geben Gewichte wieder, hinter dem Querstrich steht das Vetoelement,bei dessen Vorhandensein die Frage nicht aktiviert wird.Regeln mit interner Konklusion sind durch ein Ausrufezeichen nach dem Pfeil gekennzeichnet.Die Kommas stellen logische Konjunktionen dar.

5. Die Datenbasis

Während in der Wissensbasis das allgemeine diagnostische Wissen gespeichert ist (man könnte sie daher auch als Langzeitspeicher bezeichnen), befindet sich in der Datenbasis das im Laufe des Dialoges erworbene Wissen über einen individuellen Patienten. Dort werden also seine Symptome und anamnestischen Daten gesammelt (persönliche Daten werden nicht abgefragt) und nach dem Dialog wieder gelöscht. Man könnte die Datenbasis daher als den Kurzzeitspeicher bezeichnen. Die Zahl der Symptome und anamnestischen Daten, oder kurz Merkmale genannt, ist begrenzt. Sie besteht im wesentlichen aus den Merkmalen des AMDP-Systems. Dies hat den Vorteil, daß auch schwierige psychopathologische Symptome im AMDP-Manual genau definiert sind, daß sie sich bewährt haben und bereits viele Psychiater große Erfahrung mit ihrem Einsatz haben. Die AMDP-Merkmale sind jedoch nur das Fundament. Wo es nötig war, wurden sie durch weitere Merkmale ergänzt. Diese werden aber ausschließlich vom System angesprochen, so daß ihre Diktion nicht beherrscht zu werden braucht. Als freie Eingaben werden nur die AMDP-Merkmale dienen können, weil sie eben normiert sind.

Das System verwendet zur Zeit insgesamt 200 solcher Merkmale, davon sind 140 AMDP-Merkmale. Die Abb.2 zeigt einen Ausschnitt.

```
!DEPRESS !GRUND !MOMENT !KONFLIKT *FRUHER *PHAS !KONZ !MERK
*MORGENTIEF *ASTHENI *FAMILI !V.A.REAKTIV !ANTIZYK !APPETIT
!JAHR !ZEIT *DEPRESS.PER !REAKT.DEPR *MEDIKAMENT
!DEPRESS.ENTW !ANTINEU *WAHNEINFALL
```

Abb.2:Beispiel für eine Datenbasis anhand des Patienten C/19

Eine Abstufung nach der Sicherheit, mit der ein Symptom vorhanden ist, ist nicht vorgesehen. Ein Merkmal wird als vorhanden oder nicht vorhanden vorgesehen. Unsicherheiten bezüglich des Vorhandenseins von Merkmalen können sich aber durch Widersprüche zu anderen Merkmalen manifestieren. Es gibt Regeln, die diese Widersprüche aufgreifen können und eine Klärung z.B. durch Nachfragen oder interne Korrektur versuchen. Was das Programm nicht kann, ist, den Benutzer von der Aufgabe zu entbinden, seine Beobachtungen am Patienten richtig in Symptome umzusetzen. Schon K.Schneider weist darauf hin, daß durch das vorschnelle Belegen des Gesehenen mit Fachausdrücken die meisten falschen Diagnosen entstehen. Besondere Aufmerksamkeit bedürfen Merkmale, die nur intern verwendet werden, wie V.A.REAKTIV oder ZYKLOTHYM. Dabei handelt es sich um Hypothesen, die das System aufstellt und die fortan den weiteren Dialog mitbestimmen in dem Sinne, daß das System versucht, sie zu bestätigen oder zu widerlegen. In letzterem Falle findet dann ein Wechsel der Hypothese statt. Diese Vorgehen wird auch beim diagnostizierenden Arzt angenommen (Wing et al.1974,Elstein et al.1979,Kassirer et al.1978).

6. Der Regelinterpreter

Der Regelinterpreter entscheidet, welche Regel jeweils angewandt wird. Dazu überprüft er, wie viele Prämissen einer jeden Regel in der Datenbasis vorhanden sind. Daraus wird für jede Regel ein Wert errechnet, der sich folgendermaßen zusammensetzt: Wenn die Hauptprämisse erfüllt ist, erhöht sich der Wert der Regel um 5, wenn eine einfache Prämisse erfüllt ist, um 2, und wenn die Vetoprämisse in der Datenbasis steht, erniedrigt sich der Wert einer Regel um 4. Eine Prämisse, die nicht erfüllt ist, trägt nichts zum Wert bei, eine Stelle der Regel, die nicht als Prämisse benutzt wird, erhöht den Wert um 1. Diejenige der Regeln, die dann den maximalen Wert erreicht, wird angewandt, es wird z.B. eine Frage gestellt, deren Antwort wieder in die Datenbasis aufgenommen wird und auf Grund dieser veränderten Datenbasis wird nun erneut eine Selektion der Regeln beginnen. Eine Regel muß mindestens den Wert 10 besitzen, damit sie angewandt werden darf. Die Beiträge der verschiedenen Prämissen sind so gewählt, daß dieser Wert nur bei (aber auch schon bei) Erfülltsein der Hauptprämisse erreicht wird:

$$5+1+1+1+1+1 > 9$$

Der Beitrag der Vetoprämisse ist so gewählt, daß der Wert 10 auch bei Erfülltsein aller anderen Prämissen nicht erreicht wird:

$$5+2+2+2+2-4 < 10$$

Dabei würde der Hauptprämisse der Wert +5 zugeordnet, den Nebenprämissen jeweils der Wert +2 und der Vetoprämisse der Wert -4.

Wenn ein Regelinterpreter, eine Datenbasis und eine Wissensbasis auf die beschriebene Weise zusammenarbeiten, spricht man von einem regelbasierten System.

7. Ablauf des Programms

a. Dialogmodus

Nach dem Einschalten des Gerätes und dem Laden des Betriebssystems(MSDOS) wird die Wissensbasis von Diskette in die RAM-DISK geladen. Danach wird der BASIC-Interpreter in den Arbeitsspeicher geholt und ein Teil der Wissensbasis. Diese Aufteilung der Wissensbasis war notwendig, um den Arbeitspeicher nicht zu überlasten. Je nach Bedarf werden in Abhängigkeit von der Datenbasis weitere Teile der Wissensbasis dazugeholt. Mit dem Laden der Wissensbasis erscheint eine kurze Einführung für den Arzt auf dem Bildschirm. Danach wird die erste Frage gestellt (siehe Abb.3).

```
Mit diesem Expertensystem können Sie ihre Diagnose
überprüfen (vorerst nur bei depressiven Syndromen). Bitte
beantworten Sie die Fragen des Programmes mit Hilfe der
Begriffe des AMDP-Manuals oder einfach mit "ja" oder
"nein". Wenn sie zum Wissen des Programm neue Regeln
dazufügen wollen, geben Sie bitte "lerne" ein, wenn Sie die
Entscheidungen des Programms erklärt haben wollen, "warum".
Auf die Eingabe "Brief" hin, können Sie sich einen
Kurzbrief über den jeweiligen Patienten ausdrucken lassen.
Nach Eingabe von "Regel" zeigt Ihnen das System die Sequenz
der Regeln, die es aktiviert hat, um die Diagnose zu
stellen. Außerdem wird der aktuelle Inhalt des
Datenspeichers ausgegeben.

WELCHES LEITSYMPTOM HAT DER PATIENT?
depressiv

GIBT ES EINE URSACHE FÜR DIE DEPRESSION?
ja

WELCHER GRUND LIEGT VOR: VERLUST,KÖRPERLICHE ERKRANKUNG,
WOCHENBETT, SCHWANGERSCHAFT, KONFLIKT, ANDERER?
Konflikt

GIBT ES NOCH MOMENTE,WO DER PATIENT SICH GENAUSO FREUEN
KANN WIE VORHER?
ja

SEIT WANN IST DER PATIENT DEPRESSIV
(TAGE,WOCHEN,MONATE,JAHRE)?
seit Jahren

GEHEN DIE BESCHWERDEN LÄNGER ALS DREI JAHRE?
unbekannt

HAT DER PATIENT VERMEHRT MEDIKAMENTE
(BENZODIAZEPINE,ANALGETICA) EINGENOMMEN?
nein

...usw.
```

Abb.3: Benutzeroberfläche des Expertensystems (Einführung und Ausschnitt aus Dialog)

Um das Programm möglichst flexibel zu machen, sind offene Fragen möglich. Die Antworten sollten sich aber am AMDP-System orientieren. Daneben gibt es Fragen, bei denen das System eine Auswahl aus mehreren Alternativen verlangt, und schließlich Fragen, die nur mit "ja" oder "nein" zu beantworten sind. Wenn man eine Frage nicht beantworten kann, wird die "Enter"-Taste gedrückt. Durch Kombination dieser Möglichkeiten war ein Kompromiß zwischen Flexibilität (offene Fragen), Schnelligkeit ("ja/nein") und Einfachheit (nur natürliche Sprache notwendig, keine speziellen Programmierkenntnisse) der Eingabe gewährleistet. Einen Ausschnitt aus einem Dialog mit dem Programm zeigt Abb.3. Jeder Dialog wird protokolliert, so daß von allen Patienten, die unten vorgestellt werden, der jeweilige Dialog reproduziert werden kann. Abb.4 zeigt ein solches Protokoll. Es enthält neben der Diagnose im wesentlichen drei wichtige Informationen. Ganz oben steht die Sequenz der Regeln, die angewandt wurden. Die zweite Zahl gibt jeweils den Wert an, mit der diese Regel selektiert wurde. Darunter stehen in Kurzform alle Merkmale über den betreffenden Patienten. Schließlich werden die Prämissen derjenigen Regel angegeben,die die Diagnose stellte.

```
Es handelt sich um eine depressive Entwicklung.
25/13  429/14  238/12  539/12  448/14  543/14  540/13
456/12  561/12  582/14  61/11  73/11  169/11  564/13
283/12  395/12  587/12  412/14  384/14  247/13  40/12
594/14  128/13  62/12  588/14

Zur letzten Frage/Aussage kommt es aufgrund der Regel(588).

Ihre Prämissen lauten:
!DEPRESS.ENTW !MERK !ANTIZYK !ANTISUCHT !ANTINEU

Von diesen Prämissen sind die folgenden erfüllt:
!DEPRESS.ENTW !MERK !ANTIZYK !ANTISUCHT !ANTINEU

Die selektierte Regel hatte daher einen Wert von 14.

Bisher wurden die folgenden Symptome gefunden:
!DEPRESS !GRUND !KONFLIKT !MOMENT !JAHR !ZEIT *MEDIKAMENT
*PHAS *ALKOHOL !ANTISUCHT !MERK !ANTIZYK *ANGST !REAKT.DEPR
!ANTINEU *WAHNEINFALL !V.A.REAKTIV !REAKT.DEPR !APPETIT
!DEPRESS.ENTW
```

Abb.4: Protokoll des Dialoges über den Patienten C/19

Wenn das Programm keine Regel findet, die als nächste angewandt werden könnte, so teilt es dies dem Arzt mit und fordert ihn auf, weitere Symptome frei einzugeben (auf die dann eventuell Regeln passen). Im Prinzip kann man nach Stellen der Diagnose durch das Programm den Dialog weiterführen. Man bekommt dann nach Beantworten einiger weiterer Fragen die Differentialdiagnose (einfach als die Diagnose, die am nächsten in Frage käme) mitgeteilt.

b. Der Lernmodus

Als weitere Voraussetzung für einen sinnvollen Umgang mit dem Programm, wurde ihm die Fähigkeit mitgegeben, dazuzulernen, d.h. neue Regeln vom jeweiligen Benutzer zu akzeptieren und auf Dauer in die Wissensbasis aufzunehmen. In diesen Lernmodus gelangt man

durch die Eingabe "lerne". In diesem Modus zeigt einem das Programm dann den augenblicklichen Wissenstand über den aktuellen Patienten und signalisiert die Bereitschaft, eine neue Regel zu lernen. Diese wird dann der Wissensbasis hinzugefügt und steht fortan auf Dauer für jeden Dialog zur Verfügung (siehe Abb.5).

Nach Abschluß des Lernens kehrt das Programm automatisch wieder in den Dialogmodus zurück, desgleichen, wenn keine neue Regel eingegeben wurde und statt dessen "bitte weiter" gedrückt wurde.

```
lerne

Zur letzten Frage/Aussage kommt es aufgrund der Regel(588).

Ihre Prämissen lauten:
!DEPRESS.ENTW !MERK !ANTIZYK !ANTISUCHT !ANTINEU

Von diesen Prämissen sind die folgenden erfüllt:
!DEPRESS.ENTW !MERK !ANTIZYK !ANTISUCHT !ANTINEU

Die selektierte Regel hatte daher einen Wert von 14.

Bisher wurden die folgenden Symptome gefunden:
!DEPRESS !GRUND !KONFLIKT !MOMENT !JAHR !ZEIT *MEDIKAMENT
*PHAS *ALKOHOL !ANTISUCHT !MERK !ANTIZYK *ANGST !REAKT.DEPR
!ANTINEU *WAHNEINFALL !V.A.REAKTIV !REAKT.DEPR !APPETIT
!DEPRESS.ENTW

Aufgrund welcher der bisher erwähnten Symptome würden Sie
eine Frage stellen?
PRÄMISSEN:? ? ? ? ?          VETO:?
```

```
Wie lautet die Frage/Aussage, die sie aufgrund der
angegebenen Prämissen stellen würden?
KONKLUSION:?
```

Abb.5: Bildschirminhalt im Lernmodus. Bei jedem Fragezeichen kann eine Prämisse eingegeben werden, bei "Veto?" die Vetoprämisse und beim letzten Fragezeichen schließlich die Konklusion.

c. Der Erklärmodus

Dem Programm wurde die Fähigkeit mitgegeben, sein Vorgehen zu erklären. Durch Eingabe des Wortes "warum" begründet es die Anwendung der jeweils letzten Regel, indem es sowohl den Inhalt der Datenbasis als auch die Prämissen der letzten Regel aufzeigt. Es wird dargelegt, welche dieser Prämissen in der Datenbasis vorhanden sind und mit welchem Wert deshalb diese Regel (d.h. diese Frage oder diese Schlußfolgerung) gewählt wurde. Die Abb.6 zeigt den Bildschirminhalt im Erklärmodus, bevor das System wieder automatisch in den Dialogmodus zurückkehrt.

```
LEIDET DER PATIENT UNTER ÄNGSTEN?

warum

Zur letzten Frage/Aussage kommt es aufgrund der Regel(564).

Ihre Prämissen lauten:
!ANTIZYK  !MERK  *MEDIKAMENT  *ALKOHOL
Von diesen Prämissen sind die folgenden erfüllt:
!ANTIZYK  !MERK  *MEDIKAMENT  *ALKOHOL

Die selektierte Regel hatte deshalt einen Wert von 13.
```

Abb.6: Bildschirminhalt nach dem Übergang in den Erklärmodus

D. Ergebnisse I

1. Die ersten 50 Patienten (Studie A)

Nach Shortliffe und Davis (1975) sowie Buchanan und Shortliffe (1984) verläuft die Entwicklung eines Expertensystems in neun Stufen (siehe Abb.7).

```
1. Top-level design with definition of long-range goals
2. First version prototype, showing feasability
3. System refinement in which informal test cases are run
   to generate feedback
4. Structured evaluation of performance
5. Structured evaluation of acceptability to users
6. Service functioning for extended period in prototype
   environment
7. Follow-up studies to demonstrate the system's large
   usefulness
8. Program changes to allow wide distribution of the system
9. General release and distribution with firm plans for
   maintenance and updating
```

Abb.7: Stufenweises Vorgehen bei der Implementierung eines Expertensystems (nach Buchanan und Shortliffe 1984)

In der dritten Entwicklungsphase nach dieser Einteilung wird das System dadurch verbessert, daß auf informelle Weise Fallstudien bearbeitet werden. Bei jedem Fehler, den das System macht, werden die verantwortlichen Regeln gesucht und die Wissensbasis entsprechend geändert. Als Kriterium für die Leistung dient die Übereinstimmungsvalidität mit der klinischen Diagnose, wie sie von Fachärzten unserer Klinik erstellt wurde. Die Fallstudien wurden jeweils zu Gruppen zusammengefaßt, um Fortschritte des Systems feststellen zu können. Die erste Gruppe umfaßte 50 ambulante Patienten der Poliklinik der Psychiatrischen Universitätsklinik Erlangen. Alle Patienten wurden vom Autor selbst untersucht, und ein ausführlicher schriftlicher Befund wurde von jedem Patienten angefertigt. Dieser diente dann als Gedächtnisstütze bei der Eingabe der Daten. Wenn ein Merkmal nicht sicher beurteilt werden konnte, wurde "Nein" eingegeben.

Die Eingabe in das Programm wurde ebenfalls vom Autor vorgenommen. Die Diagnose wurde vom Autor in Zusammenarbeit mit einem weiteren Fachkollegen gestellt. In Tab.2 sind die Ergebnisse tabellarisch zusammengefaßt. In 15 Fällen (L) konnte das Programm keine Diagnose stellen. Diese Patienten gaben Anlaß, die Wissensbasis zu ergänzen. In 9 Fällen wurde eine Diagnose gestellt, die nicht mit der klinischen übereinstimmte. In 25 Fällen stimmten die klinische Diagnose und die Aussage des Programmes überein. 1 Fall konnte klinisch nicht geklärt werden. Die Diagnose des Systems stimmte also in 50% mit der klinischen Diagnose überein.

Klinische Diagnose	**Computerdiagnose**		
	richtig	**falsch**	**fehlend**
organ.Psychosyndrom	3	-	5
Schizophrenie	-	-	1
Zyklothymie	8	2	-
Abhängigkeit	2	-	1
Persönlichkeit/Neurose	4	3	6
Reaktion	9	3	2
ungeklärt	-	1	-

Tab.2: Gegenüberstellung von klinischer Diagnose und Computerdiagnose bei 50 Patienten.

2. Die nächsten 100 Patienten (Studie B)

Bei den nächsten 100 Patienten wurden dem Archiv unserer Klinik 100 Arztbriefe entnommen. Als Bedingung wurde beachtet, daß eine depressive Verstimmung vorhanden sein sollte. Akute paranoid-halluzinatorische Schizophrenien wurden nicht benutzt. Jede der gestellten Diagnosen war von einem Oberarzt gutgeheißen worden. Etwa die Hälfte der Patienten war ambulant, die andere Hälfte stationär untersucht worden. Wenn das Programm nach einem Merkmal fragte, welches im Arztbrief nicht erwähnt war, wurde dieses Merkmal verneint mit einer Ausnahme: Wenn die Frage des Programms, ob der Patient sich noch so freuen kann wie früher, nicht im Arztbrief beantwortet war, wurde die Antwort offengelassen. Dies deswegen, weil hier die Negation das eigentlich gewichtige Symptom darstellt.

Die Übereinstimmungsvalidität lag bei 55%, 22% der Diagnosen stimmten nicht überein, und in 23% konnte das System gar keine Diagnose stellen, weil es noch nicht das entsprechende Wissen besaß. In Tab.3 ist die Übereinstimmungsvalidität getrennt für jede Gruppe berechnet. Wie man sieht, liegt sie für die Gruppen Neurose/abnorme Persönlichkeit sowie pharmakogene Depression am höchsten, für die chronisch-schizophrene Gruppe am niedrigsten.

In jedem Fall, in dem das System eine nicht übereinstimmende oder gar keine Diagnose produzierte, wurde die Wissensbasis verbessert, bis auch dieser Fall vom System richtig gelöst wurde.

	insgesamt	davon Überein-stimmmung	Übereinstimm-ungsvalidität
organisch	9	4	44%
zyklothym	12	6	50%
schizophren	9	2	22%
reaktiv	24	13	54%
neurotisch	26	17	65%
pharmakogen	20	13	65%
	100	55	55%

Tab.3: Übereinstimmungsvalidität nach Diagnosegruppen aufgeschlüsselt

3. Studie mit weiteren 118 Patienten (Studie C)

a. Die Überprüfung der Validität bei Studie C

Wenn die Anpassung der Wissensbasis von Vorteil gewesen sein sollte, mußte bei den nächsten 100 Fällen die Übereinstimmungsvalidität zunehmen. Grundlage des Dialoges bildeten wieder Arztbriefe. Da sich diese Gruppe aber in ihren klinischen Diagnosen anders zusammensetzte, kam nur ein Vergleich der Übereinstimmungsvalidität für jede einzelne Diagnosegruppe in Frage. Die Auswahl der Arztbriefe geschah diesmal so: es wurden jeweils ca. 20 Patienten von jeder Diagnosegruppe zusammengestellt. Die Auswahl innerhalb jeder Gruppe war zufällig. Die Tabelle 4 zeigt, wie sich die Übereinstimmungsvalidität für jede Gruppe diesmal verhielt.

	insgesamt	davon Übereinstimmung	Übereinstimmungsvalidität
organisch	21	12	57%
zyklothym	29	23	79%
reaktiv	20	16	80%
neurotisch	26	21	81%
pharmakogen	22	19	86%
	118	91	77%

Tab.4: Übereinstimmungsvalidität nach Diagnosegruppen aufgeschlüsselt

Die Erweiterung und Verbesserung der Wissensbasis hat das System also leistungsfähiger gemacht. Die Übereinstimmungsvalidität übersteigt nun selbst die oben für psychiatrische Diagnosen allgemein festgestellte.

b. Die Überprüfung der Reliabilität bei Studie C

Im Gegensatz zu starren Programmen wie CATEGO muß bei Programmen, die offene Fragen stellen und bei denen deshalb jeder Dialog anders verlaufen kann, die Reliabilität geprüft werden. D.h. ein und dieselbe Krankengeschichte sollte von zwei verschiedenen Ärzten eingegeben werden. Es wurde daher die letzte Studie mit 118 Fällen ein zweites Mal von einer Ärztin eingegeben, die das Programm nicht kannte und sich nicht in psychiatrischer Weiterbildung befand. Die Ergebnisse sind in Tabelle 5 dargestellt.

	insgesamt	davon Übereinstimmung	Übereinstimmungsvalidität
organisch	21	15	71%
zyklothym	29	27	93%
reaktiv	20	10	50%
neurotisch	26	20	77%
pharmakogen	22	14	64%
	118	86	73%

Tab.5: Übereinstimmungsvalidität nach Diagnosegruppen aufgeschlüsselt bei Eingabe durch eine Ärztin.

Betrachtet man die Übereinstimmung zwischen den beiden computerunterstützten Diagnosen, die von zwei verschiedenen Ärzten erstellt wurden, so erhält man das folgende Ergebnis:

ARZT1			**ARZT2**			
	org	zyklo	sucht	neurot	rea	?
org	8	1	1	--	1	1
zyklo	--	24	--	1	--	--
sucht	3	1	13	4	2	1
neur	--	--	1	20	4	2
rea	1	3	1	10	9	1
?	4	--	--	1	--	1

Tab.6: Übereinstimmung zwischen den computergestützten Diagnosen, die von ARZT1 erhoben wurden, im Vergleich zu den von ARZT2 erhobenen.

Wenn man die Zahl der Übereinstimmungen zwischen ARZT1 und ARZT2 betrachtet, so stellt man fest, daß sie mit 63% niedriger liegt, als die jeweilige Übereinstimmung mit der Klinik (77% bzw. 73%).

Daraus läßt sich schließen, daß die beiden Ärzte oft unterschiedliche Patienten klinisch richtig einordneten.

	ARZT1	**davon Übereinstimmung durch ARZT2**	**Übereinstimm-ungsvalidität**
organisch	12	8	75%
zyklothym	25	24	96%
reaktiv	25	9	36%
neurotisch	27	20	74%
pharmakogen	24	13	54%
	113	74	65%

Tab.7: Übereinstimmungsvalidität zwischen verschiedenen Ärzten (nach Diagnosegruppen aufgeschlüsselt), wenn man die Diagnose des ARZT1 als Referenz heranzieht. 5 Patienten wurden von ARZT1 nicht zugeordnet.

4. Studie mit weiteren 165 Patienten (Studie D)

Die gute Übereinstimmung zwischen klinischer Diagnose und Computerdiagnose ließ es nun möglich erscheinen, das Programm direkt mit den Anworten des Patienten zu konfrontieren. Dazu wurde nicht die Technik des direkten Computer-Patienten-Interviews gewählt, sondern es wurden Fragebögen dazwischen geschaltet. In ihnen konnten die Patienten ihren Zustand selbst beurteilen (im ersten Teil). Im zweiten Teil wurde eine Fremdbeurteilung durch den behandelnden Arzt verlangt. Die Fragen waren so formuliert, daß sie direkt mit den Fragen des Programms zu korrelieren waren.

Die Tab.8 zeigt eine Übersicht hinsichtlich der Übereinstimmungsvalidität innerhalb der Teilgruppen und bezüglich der Gesamtgruppe.

	insgesamt	**davon Übereinstimmung**	**Übereinstimmungsvalidität**
organisch	21	10	48%
zyklothym	40	34	85%
reaktiv	20	12	60%
neurotisch	42	24	57%
pharmakogen	27	14	52%
	150	94	63%

Tab.8: Übereinstimmungsvalidität zwischen Klinik und Computer bei Benützung einer Selbst- und Fremdbeurteilung des Patienten.

Wie man sieht, ist die Leistung des Systems in diesem Fall geringer als bei der vorhergehenden Studie (77%). Dies kann dadurch erklärt werden, daß die Informationen, die das System durch den Arzt mitgeteilt bekam, valider sein sollten als die Angaben des Patienten.

5. Studie mit weiteren 120 Patienten (Studie E)

Die Eingabe der Daten wurde von zwei Studenten vorgenommen, die das Programm nicht kannten, aber eine kurze Einweisung über die zu verwendenden Symptome bekamen. Beide befanden sich nicht in psychiatrischer Weiterbildung. Aus dem Archiv wurden 120 Krankenakten so entnommen, so daß jede der unten aufgeführten sechs Gruppen ungefähr gleich oft vertreten war. Eine weitere Selektion wurde nicht vorgenommen. Die Tabelle zeigt die Häufigkeit der einzelnen ICD-9-Diagnosen in der Stichprobe und die Zahl der Patienten, bei denen die computergenerierte ICD-Diagnose mit der klinischen ICD-Diagnose übereinstimmt. Außerdem wird aufgeführt, in wie vielen Fällen das Programm eine andere Diagnosegruppe gewählt hat.

					Computerdiagnose:				
ICD	klin.Diagnose:	insgesamt	org.	sucht.	zyk.	pers.	neur.	rea.	--
29x.x,31x.x	organisches Psychosyndrom	20	10	--	1	1	--	1	7
30x.x	Suchterkrankung	20	--	18	--	1	--	1	--
296.x	Zyklothymie	20	--	--	19	--	1	--	--
301.x	abnorme Persönlichkeit	20	1	3	--	9	4	2	1
300.x	Neurose	20	--	--	5	3	7	5	--
309.x	abnorme Reaktion	20	--	1	1	3	3	11	1

Tab.9: Übereinstimmung zwischen Computerdiagnose und Klinikdiagnose nach ICD9-Gruppen aufgeschlüsselt.

Wenn man zur Validierung des Expertensystems den Vergleich mit der Klinikdiagnose zieht, so ist zu bedenken, daß es bisher keinen objektiven Standard für die Klassifikation psychiatrischer Erkrankungen gibt. Folglich ist es möglich, daß bei einem Unterschied zwischen Computer- und Klinikdiagnose die computerunterstützte Diagnose auch die bessere sein kann.

Die Übereinstimmung zwischen Computer- und Klinikdiagnose beträgt also bei der vorliegenden Studie 61,6% und liegt damit unterhalb der Übereinstimmung zwischen zwei Experten in der Medizin (75-80% nach Yu et al.). Das heißt, daß psychiatrisch nicht vorgebildete Studenten aufgrund einer Krankengeschichte psychiatrischen Diagnosen nicht ganz auf Expertenniveau erstellen können. Wenn man sich die Gründe hierfür überlegt, so ist zu beachten, daß der Student die Symptome oft erst aus der Krankengeschichte heraus benennen muß, weil sie dort nicht explizit aufgeführt sind. D.h. das System erfordert doch die Kenntnis der Definition der psychiatrischen Symptome, wie sie etwa im AMDP-Manual festgehalten sind. Daß es auch noch andere Gründe geben muß, zeigt die

Unterschiedlichkeit der Übereinstimmung in den einzelnen Klassen. So wird bei der zyklothymen Depression eine Übereinstimmung von 95% erreicht, während sie bei organischen Psychosyndrom nur bei 50% liegt. Die sieben Patienten mit einem klinisch diagnostizierten organischen Psychosyndrom, die der Computer nicht einordnen konnte, zeigen die Wissenslücken des Programmes auf. Auch das relativ schlechte Ergebnis bei der Differenzierung von abnormer Persönlichkeit, Neurose und abnormer Reaktion ist mit darauf zurückzuführen, daß alle 3 Gruppen eng zusammengehören und auch klinisch oft unterschiedlich gewichtet werden.

6. Studie mit weiteren 100 Patienten (Studie F)

Um das Wissen des Systems über die organischen Psychosyndrome zu verbessern, wurde diese spezielle Studie durchgeführt. Das organische Psychosyndrom unterscheidet sich von den anderen psychiatrischen Syndromen dadurch, daß es im Prinzip auf eine organische Ursache zurückführbar ist. D.h. es läßt sich meist ein externes Validitätskriterium auffinden, welches die Diagnose ätiologisch absichert. Die Aufgabe eines diagnoseunterstützenden Computerprogrammes bestände demnach darin, den Arzt über die Erfragung der Symptome, der Vorgeschichte, des neurologischen Befundes und schließlich der Zusatzuntersuchungen zur Ätiologie hinzuführen.

Im Zuge der Entwicklung der Psychopathologie hat man verschiedene Prägnanztypen organischer Psychosyndrome herausgehoben. So erwies es sich bezüglich der Prognose als sinnvoll, die organischen Psychosyndrome in akute und chronischen einzuteilen. Scheid (1980) und Wieck (1977) bevorzugten die Einteilung in reversible und irreversible. Zu den reversiblen Syndromen zählen die Durchgangssyndrome, die Bewußtseinstrübung und die Bewußtlosigkeit, zu den irreversiblen Syndromen der Persönlichkeitsabbau und die Demenz. Auf die Symmetrie zwischen reversiblen und irreversiblen Syndromen wird von Huber (1981) hingewiesen: Nahezu alle Symptome und Syndrome der chronischen organischen Psychosen können gelegentlich auch im Verlauf akuter und reversibler organischer Psychosen auftreten. Das bedeutet, daß es eigentlich nur eine Reihe organischer Pschychosyndrome gibt, die aber je nach Vorkommen bei akuten oder chronischen Grunderkrankungen verschiedene Namen bekommen. Im ICD-9 gibt es dazu folgende Hauptkategorien: zur Kategorie 290 gehören die chronischen organischen Psychosyndrome wie die senile oder die vasculäre Demenz. Zur Kategorie 293 zählt man die reversiblen oder akuten organischen Psychosyndrome wie die Bewußtseinstrübungen beim Alkoholdelir. In Kategorie 294 stehen organische Psychosen wie die Korsakow-Psychose und die Demenzen, die auf eine spezielle organische Ursache zurückgeführt werden können. Die

Kategorie 310 schließlich beinhaltet die spezifischen nicht-psychotischen Störungen, die mit einer organischen Beeinträchtigung des Gehirns einhergehen.

Bonhoeffer (1917) erkannte, daß zwischen dem psychopathologischen Bild und der körperlichen Grunderkrankung meist kein Zusammmenhang herzustellen war: Die Prägnanztypen sind unspezifisch. Andererseits können bei derselben Grundkrankheit fast alle psychopathologischen Prägnanztypen auftreten bzw. sich ablösen je nach Schwere und Verlauf der Grunderkrankung.

Bei der vorliegenden Studie wurden die Daten von 100 Patienten, die zuvor klinisch gründlich untersucht worden waren, benutzt. Alle Patienten waren vor dem Computerdialog anhand der ICD-9 Klassifikation klinisch eingeordnet worden (siehe Tabelle).

	insgesamt	davon Übereinstimmung	Übereinstimmungsvalidität
"Durchgangssyndrom" (ICD 310,292)	7	3	43%
Bewußtseinstrübung (ICD 293,291.0)	31	29	94%
organische Wesensänderung (ICD 310)	29	17	59%
Demenz (ICD 290, 294,291.1)	33	21	64%
	100	70	70%

Tab.10: Übereinstimmungsvalidität zwischen Klinik und Computer bei Verwendung von vier Kategorien zur Einteilung des organischen Psychosyndroms.

Von den 100 Patienten war das System bei 5 Patienten überfordert und brach den Dialog aufgrund mangelnden Wissens ab. Bei 11 Patienten erkannte das System nicht, daß es sich um ein organisches Psychosyndrom handelte. Dafür diagnostizierte es fünfmal depressive Reaktionen und je zwei Neurosen, endogende Depressionen und Schizophrenien. In 84% wurde immerhin die Organizität des Geschehens vom System erkannt. 14 Patienten wurden aber einer anderen als der klinisch angegebenen Kategorie zugeordnet, so daß das System in 70% sogar die klinische Kategorie herausfand. Bei 10 von diesen Patienten wurde lediglich die Entscheidung, ob es sich um ein akutes oder chronisches Syndrom handelte, falsch getroffen, der Schweregrad wurde jedoch erkannt. Insgesamt bei 86 Patienten wurde klinisch die Ätiologie aufgeklärt. Die gleiche Ätiologie wie die Klinik fand das System bei 49 Patienten, das sind 57 % der ätiologisch klärbaren Patienten.

E. Diskussion der bisherigen Ergebnisse

Wenn man die Ergebnisse der verschiedenen Studien miteinander vergleicht, erhält man die folgende Tabelle:

	Zahl der Patienten	Herkunft der Daten	eingeb.Person	proz.Übereinstimmung
Studie A	50	Krankenakte	Psychiater	50 %
Studie B	100	"	"	55 %
Studie C1	118	"	"	77 %
Studie C2	118	"	Arzt	73 %
Studie D	165	Selbstbeurteilungsfragebogen	Psychiater	63 %
Studie E	120	Krankenakte	Student	62 %
Studie F	120	Krankenakte	Psychiater	70 %

Tab.11: Überprüfung der Leistung des ERLANGER EXPERTENSYSTEMS in einer Reihe von Studien.

Die Übereinstimmung zwischen computergestützter Diagnose und Klinikdiagnose liegt bei dem vorliegenden Expertensystem bei Verwendung vom Fremdbeurteilungsdaten und Eingabe der Daten durch einen Arzt in der Größenordnung der Übereinstimmung zwischen zwei menschlichen Experten, die Yu et al.(1984) auf 75-80% ansetzen.

Dies ist quasi die maximale Übereinstimmung, die Expertensystem und Klinik erreichen können, ansonsten ist das Expertensystem zu eng an eine Meinung adaptiert. Bei Verwendung der Selbstbeurteilungsdaten liegt die

Übereinstimmung etwa 10% darunter. Dies rührt daher, weil zwischen der Antwort des Patienten und der Symptomdefinition ein Informationsverlust stattfindet. Ein ähnlicher Fehler tritt auf, wenn Studenten anhand der Krankenakte die Daten eingeben. Auch hier tritt aufgrund mangelnder Ausbildung ein Informationsverlust von etwa 10 % auf zwischen der Krankenakte und den Daten, die dem Programm mitgeteilt werden. Das heißt, daß psychiatrisch nicht vorgebildete Studenten aufgrund einer Krankengeschichte psychiatrische Diagnosen nicht ganz auf Expertenniveau erstellen können. Wenn man sich die Gründe hierfür überlegt, so ist zu beachten, daß der Student die Symptome oft erst aus der Krankengeschichte heraus benennen muß, weil sie dort nicht explizit aufgeführt sind. D.h. das System erfordert doch die Kenntnis der Definition der psychiatrischen Symptome, wie sie etwa im AMDP-Manual (AMDP 1981) festgehalten sind. Daß es auch noch andere Gründe geben muß, zeigt die Unterschiedlichkeit der Übereinstimmung in den einzelnen Klassen. So wird bei der zyklothymen Depression etwa in Studie E eine Übereinstimmung von 95% erreicht, während sie bei organischen Psychosyndrom nur bei 50% liegt. Dies spricht dafür, daß das Wissen des Systems bezüglich organischer Psychosyndrome noch nicht so sicher ist wie bei zyklothymen Depressionen.

F. Ergebnisse II

1. Clusteranalyse

Um eine Clusteranalyse durchführen zu können, wurden die 165 Fragebögen der Studie D herangezogen. Mit Hilfe einer Selbstbeurteilungsskala, die 64 Items umfaßte, konnten die Patienten Beschwerden und anamnestischen Hinweise angeben, die für eine Differentialdiagnose des depressiven Syndroms wichtig sind. Gleichzeitig wurde über jeden Patienten eine Fremdbeurteilungsskala ausgefüllt (AMDP-System), die 94 Items umfaßte.

Die Clusteranalyse wurde mit gutem Erfolg bei depressiven Syndromen von verschiedenen Autoren durchgeführt wie Pilowsky et al.(1969), Paykel (1971), Byrne(1978) sowei Matussek (1983).

Bei der hier vorliegenden Untersuchung wurde die Zahl der Symtome von anfänglich 64 auf 34 reduziert. Es wurden nur die Symptome weiterbenutzt, die für die klinische Diagnose von Wichtigkeit schienen, auch wenn sie wie z.B. bei Alkoholentzugserscheinungen nur bei 6,1% der Patienten vorkamen. Das Gewicht gerade solch seltener Symptome für die Diagnose ist oft entscheidend.

Die technischen Details der Clusteranalyse werden im Anhang B besprochen. Es heben sich zumindest 3 Cluster durch eine eindeutige Bevorzugung bestimmter Diagnosen heraus: Im Cluster2 dominieren die zyklothymen Depressionen, in Cluster3 die neurotisch/persönlichkeitsbedingten und in Cluster5 die depressiv gefärbten organischen Psychosyndrome. Cluster 1, 4 und 6 hingegen stellen Misch-Cluster dar. Insgesamt sieht die Übereinstimmung zwischen Klinikdiagnose und Cluster so aus:

	insgesamt	davon Übereinstimmung mit Cluster	Übereinstimmungsvalidität
organisch	18	12 (Cluster5)	67%
zyklothym	35	18 (Cluster2)	51%
reaktiv	15	6 (Cluster4)	40%
neurotisch	35	13 (Cluster3)	37%
pharmakogen	17	4 (Cluster1)	24%
	120	53	44%

Tab.12: Übereinstimmungsvalidität zwischen Klinik und Cluster bei Benützung einer Selbst- und Fremdbeurteilung des Patienten.

Die Übereinstimmung zwischen Klinikdiagnose und Cluster hebt sich zwar immer noch deutlich über einen zufälligen Zusammenhang heraus, reicht aber nicht an die Übereinstimmung zwischen Klinik- und Computerdiagnose heran. Dies bedeutet, daß die im vorliegenden Datenmaterial vorhandenen statistischen Zusammenhänge nicht zu einer besseren Klassifikation führen.

2. Empirische Regeln (Studie G mit 345 Patienten)

Die übliche Methode, das Wissen eines Expertensystems zu gewinnen, ist es, einen Experten zu befragen und mit ihm zu versuchen, seine Erfahrungen in Form von Regeln niederzulegen. Wie Michalski und Chilauski (1980) aber zu bedenken geben, ist der Fachexperte oft kein Experte darin, sein Vorgehen zu erklären. Es wäre daher wünschenswert, dieses Erfahrungswissen direkt den Patientendaten zu entnehmen. Das Patientengut bestand aus den 165 Patienten der Studie D sowie weiteren 180 Patienten, die mit dem gleichen Fragebogen untersucht wurden. Insgesamt handelte es sich also um 345 Patienten der pychiatrischen Universitätsklinik Erlangen. Es wurde ihnen ein Fragebogen vorgelegt, der sich an der üblichen psychiatrischen Untersuchung orientierte. Zur Auswertung wurden 35 Selbsbeurteilungsfragen und 8 Fremdbeurteilungsfragen herangezogen. Ein Teil der Wissensbasis besteht aus Regeln, die zwei Symptome miteinander in Beziehung setzen: sei es, daß das eine Symptom auf das andere schließen läßt oder auch auf sein Nichtvorhandensein. Um den Zusammenhang zwischen je zwei Symptomen zu erfassen, wurde die bedingte Wahrscheinlichkeit errechnet. Sie gibt an, mit welcher Wahrscheinlichkeit beim Auftreten eines Symptoms A mit dem Auftreten eines Symptomes B zu rechnen ist. Für alle Symptompaare, die eine hohe bedingte Wahrscheinlichkeit verbindet, wurde darüber hinaus die Signifikanz errechnet. Aus der Relation der bedingten Wahrscheinlichkeiten wurde eine Teilrelation herausgenommen:

Wenn die bedingte Wahrscheinlichkeit von A nach B und von B nach A beide Male über 70% lag, wurde ein hoher symmetrischer Zusammenhang zwischen A und B angenommen. Wenn die bedingte Wahrscheinlichkeit von A nach B über 90% lag (nicht umgekehrt), wurde ein asymetrischer Zusammenhang angenommen. Wenn man diese Relation auf der Menge der Symptome abträgt, ergibt sich die Abbildung auf der nächsten Seite. Man sieht, wie sich Bezirke abgrenzen lassen, innerhalb welcher die Symptome einen engeren Zusammenhang aufweisen. Diese Bezirke sind unschwer mit unserer klinischen Einteilung in endogen, reaktiv und persönlichkeitsbedingt zu vergleichen. Dies ist um so erstaunlicher, als keinerlei Wissen über die klinische Diagnose in diese Untersuchung eingegangen ist. Bezirke, die sich mit der neurotischen, organischen oder suchtbedingten Depression in Zusammenhang bringen ließen, fanden sich nicht. Das liegt zumindest bei der organischen Depression an der niedrigen Frequenz der sogenannten organischen Symptome in der vorliegenden Studie.

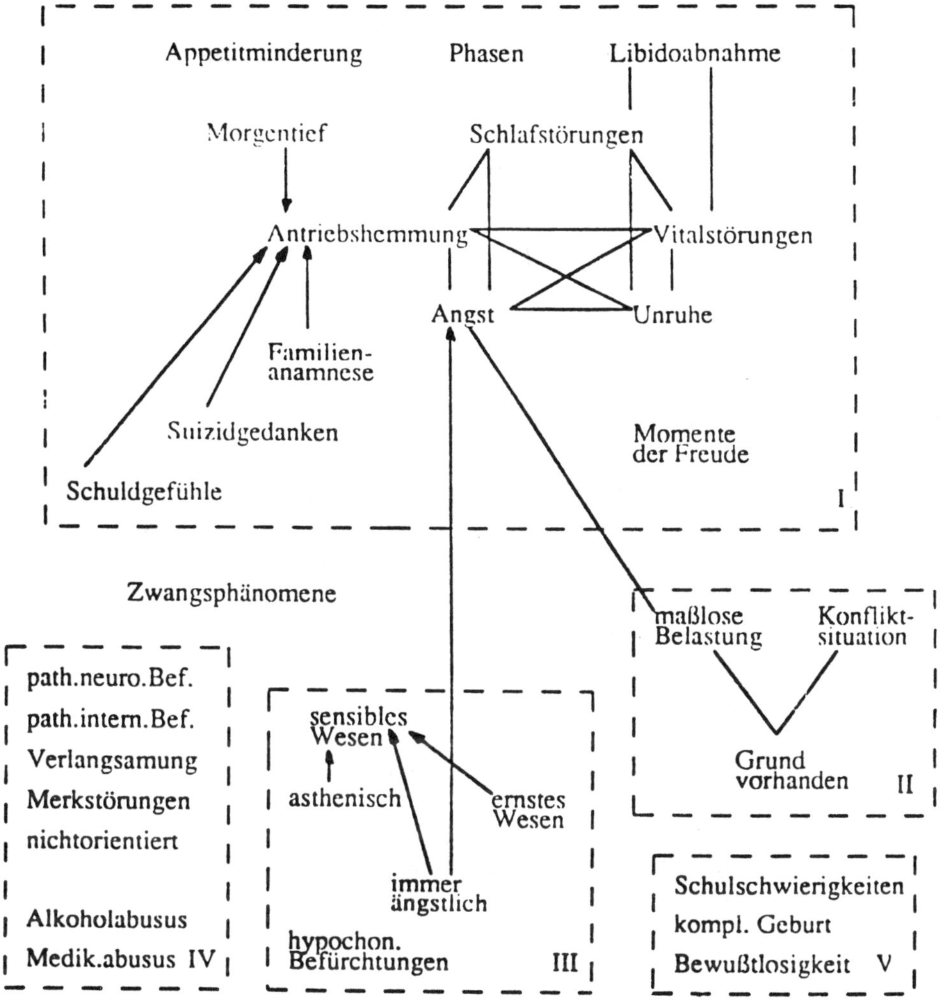

Abb.8: Bedingte Wahrscheinlichkeiten zwischen je zwei Merkmalen. Eine asymetrische Relation (Pfeil) bedeutet eine bedingte Wahrscheinlichkeit von über 90%, eine symmetrische Relation (Linie) eine bedingte Wahrscheinlichkeit von jeweils über 70% (n=180).

Als zweites Verfahren soll ein Algorithmus vorgestellt werden, mit dessen Hilfe mehrstellige empirische Regeln gewonnen werden konnten. Dazu bedarf es nun aber eines Außenkriteriums. Heute noch steht dafür nur die klinische Diagnose zur Verfügung. Im Prinzip könnte das gleiche Verfahren aber auch bei einem anderen externen Kriterium angewandt werden (Ätiologie, Therapieerfolg etc.). Ist ein solches Kriterium verfügbar, kann folgender Algorithmus gewählt werden:

--Selektion der Symptome, die möglichst gut auf dieses Außenkriterium hinweisen

--Erweiterung eines solchen Symptoms um ein weiteres Symptom, wenn dadurch die Beziehung zum Außenkriterium enger wird

--diese Hinzunahme weiterer Symptome kann beliebig fortgesetzt werden, es muß nur sichergestellt sein, daß eine solche Kombination von Symptomen (eine Regel) zum Außenkriterium immer besser korreliert.

Das Ganze ist ein Suchprozeß, um immer höhere Regeln zu gewinnen.

Von jeder Regel, die in den folgenden Tabellen angegeben ist, ist der prädiktive Wert und die Signifikanz angegeben. Der prädiktive Wert einer Regel ist dabei definiert als der Quotient von richtigen Voraussagen des Außenkriterium im Verhältnis zur Gesamtzahl von Voraussagen. Das Außenkriterium (die klinische Diagnose) hatte folgende Verteilung:

Zyklothyme Depression	98
Organische Depression	51
Reaktive Depression	47
Neurotische Depression	62
Suchtbedingte Depression	57

Tab.13: Verteilung des Außenkriteriums "klinische Diagnose" in der Gesamtzahl (n=345)

Zum Außenkriterium "zyklothyme Depression" trugen vor allem folgende Symptome bei:

1. Symptom	j/n	2. Symptom	j/n	P.W.	%	Sign.
Grund vorhanden	n	Morgentief	j	34/55	61,82	0,0013
Grund vorhanden	n	Maßlose Belast.	j	26/43	60,46	0,0000
Grund vorhanden	n	Affektlabil	n	44/71	61,97	0,0000

Tab.14: Signifikante statistische Zusammenhänge zwischen je zwei

Symptomen und der Diagnose 'zyklothyme Depression' (n=345) mit einem prädiktiven Wert über 60%. Von den 38 Symptom-Kombination, deren prädiktive Werte höher als 45% sind, sind drei größer als 60%.

Zum Außenkriterium "organische Depression":

1. Symptom	**j/n**	**2. Symptom**	**j/n**	**P.W.**	**%**	**Sign.**
Merkstörungen	j	Verlangsamung	j	18/29	62,07	0,0005
Merkstörungen	j	Affektlabil	j	14/29	48,28	0,0000
Konfliktsituation	n	Affektlabil	j	12/28	42,86	0,0026
Alter d. Patienten	n	Phasen vorhanden	n	17/39	43,59	0,0000
Alter d. Patienten	n	Merkstörungen	j	17/25	68,00	0,0044
Alter d. Patienten	n	Verlangsamung	j	13/21	61,90	0,0000

Tab.15: Signifikante statistische Zusammenhänge zwischen je zwei Symptomen und der Diagnose 'organische Depression' (n=345)

Zum Außenkriterium "reaktive Depression":

1. Symptom	**j/n**	**2. Symptom**	**j/n**	**P.W.**	**%**	**Sign.**
Innere Unruhe	n	Grund vorhanden	j	19/62	30,64	0,0116
Innere Unruhe	n	Schlafstörungen	n	14/41	34,15	0,0197
Innere Unruhe	n	Morgentief	n	18/54	33,33	0,0044
Familienanamnese	j	Morgentief	n	11/30	36,66	0,0042
Suizidgedanken	j	Momente der Freude	j	20/58	34,48	0,0037
Affektlabil	j	Medikamentenabusus	n	19/58	32,76	0,0111

Tab.16: Signifikante statistische Zusammenhänge zwischen je zwei Symptomen und der Diagnose 'reaktive Depression' (n=345)

Zum Außenkriterium "neurotische Depression":

1. Symptom	j/n	2. Symptom	j/n	P.W.	%	Sign.
Verstimmungsdauer	j	Maßlose Belastung	n	14/31	45,16	0,0279
Morgentief	n	Jahrelange Angst	j	22/51	43,14	0,0383
Schlafstörungen	n	Suizidgedanken	j	15/36	41,66	0,0237
Momente d. Freude	j	Jahrelange Angst	j	26/62	41,93	0,0428
Immer ängstlich	j	Suizidgedanken	j	18/43	41,86	0,0143

Tab.17: Signifikante statistische Zusammenhänge zwischen je zwei Symptomen und d. Diagnose 'neurotische Depression'(n=345). Bei den nur fünf verwertbaren Fällen liegen die prädiktiven Werte alle ungefähr gleich im Bereich von 41-45%.

Zum Außenkriterium "suchtbedingte Depression":

1. Symptom	j/n	2. Symptom	j/n	P.W.	%	Sign.
Medikamentenabusus	j	Phasen vorhanden	n	21/45	46,66	0,0000
Medikamentenabusus	j	Suizidgedanken	j	9/17	52,94	0,0000
Medikamentenabusus	j	Merkstörungen	j	13/23	56,65	0,0000
Medikamentenabusus	j	Verlangsamung	n	20/48	41,66	0,0000
Medikamentenabusus	j	Affektlabil	j	11/17	64,47	0,0000
Medikamentenabusus	j	Konfliktsituat.	j	19/32	59,37	0,0274

Tab.18: Signifikante statistische Zusammenhänge zwischen je zwei Symptomen und der Diagnose 'suchtbed. Depression' (n=345)

Wenn man nun die Symptomkombinationen mit den höchsten prädiktiven Werten um jeweils ein weiteres Symptom erweitert, um diese Kombination dann auf einen erhöhten prädiktiven Wert hin zu untersuchen, so findet man folgende Ergebnisse:

Zum Außenkriterium "zyklothyme Depression" wurde das Symptompaar "Kein Grund vorhanden / Morgentief vorhanden" ausgewählt. Erweitert diese Kombination um ein drittes Symptom, dann erhält man folgende Befunde:

3.Symptom	j/n	P.W.	%	Sign.
Momente der Freude	n	26/35	74,29	0,0030
Phasen vorhanden	j	18/22	81,81	0,0180
Verstimmungsdauer	n	29/43	67,44	0,0018
Schlafstörungen	j	27/40	67,50	0,0003
Innere Unruhe	n	13/17	76,47	0,0110
Angst vorhanden	j	26/39	66,66	0,0004
Merkstörungen	n	31/46	67,39	0,0003
Verlangsamung	n	26/43	60,46	0,0008
Affektlabil	n	34/45	75,55	0,0000

Tab.19: Signifikante statistische Zusammenhänge zwischen je drei Symptomen und der Diagnose 'zyklothyme Depression'(n=345)

Es wurden schließlich neun Dreier-Kombinationen ausgeführt, die alle das Signifikanzniveau von 5% nicht überschritten. Die prädiktiven Werte der Kombinationen aus drei Merkmalen sind im Durchschnitt ca. 10% höher als die der Zweier-Kominationen, d.h. wenn auf Grund einer dieser Dreier-Kombinationen eine Zyklothymie festgestellt werden soll, dann trifft das Ergebnis hierbei in ca. 10% der gemachten Aussagen häufiger zu als bei der Kombination aus zwei Symptomen.

Die Kombination: "Kein Grund / Morgentief / Phasen vorhanden" hat mit 81,8% den höchsten prädiktiven Wert aller von uns getesteten Dreier-Kombinationen. Allerdings ist die Patientenanzahl von 22, bei der diese Kombination vorhanden ist, ziemlich niedrig. Diese Dreierkombination wurde mit einem vierten Symptom verbunden, und es fanden sich zwei signifikante Viererkominationen:

4.Symptom	j/n	P.W.	%	Sign.
Momente der Freude	n	17/18	94,44	0,0352
Affektlabil	n	18/21	85,71	0,0277

Tab.20: Signifikante statistische Zusammenhänge zwischen je vier Symptomen und der Diagnose 'zyklothyme Depression'(n=345)

Wie man sieht, läßt sich der prädiktive Wert noch weiter steigern und kann damit Werte erreichen, die zur Sicherung einer Diagnose ausreichend sind. Die Anzahl der Patienten, auf die die Vierer-Kombination zutrifft, unterscheidet sich nur unwesentlich von der der Dreier-Kombination.

G. Diskussion

1. Diskussion der Ergebnisse

Bei allen anderen Außenkriterien, abgesehen von der "zyklothymen Depression", konnten bei der bisherigen Anzahl der Patienten keine statistisch signifikanten drei- oder höherstelligen Regeln gefunden werden. Bedingt durch das Fehlen eines objektiven Außenkriteriums und das Angewiesensein auf die klinische Diagnose als einzig verfügbarem Standard, konnten zumindest für die zyklothyme Depression wichtige Regeln bestätigt werden, die dem klinischen Erfahrungsschatz seit langem angehören. Es war aber auf diese Weise nicht möglich, neues Wissen abzuleiten.

2. Ethische und juristische Fragen

Nach Puppe (1986) ist die Geschichte des Fortschritts der medizinischen Diagnostik die Geschichte immer besserer technischer Hilfsmittel. Bisher jedoch war der Arzt der einzige, der es verstand, die so gewonnenen vielfältigen Befunde zu einer Diagnose zusammenzufassen. Mit den Expertensystemen hat die Entwicklung nun ein Stadium erreicht, wo es möglich zu werden beginnt, die Interpretation selbst zu automatisieren.

Wenn ein Programm dazu dient, homogene Gruppen mit gesicherten Diagnosen zu erhalten, so ist dies nur zu begrüßen. Denn nur solche homogenen Gruppen können mit Erfolg auf ein mögliches anderes Kriterium (biochemisch, neurophysiologisch) hin untersucht werden.

In der Hand des erfahrenen Arztes wäre die Aufgabe des Programmes, Lücken und Fehler bei der Diagnostik aufzudecken.

De Dombal et al.(1972) drücken dies so aus, daß das Programm benutzt werden sollte, dem Kliniker zu seiner eigenen Diagnose zu verhelfen. Dies sollte auf eine Weise geschehen, daß der erfahrene Arzt dies einsieht. Als Überprüfung der eigenen Intuition, als zweite Meinung also, wäre es von großen Vorteil, könnten doch damit Unachtsamkeiten vermieden werden.

Ganz anders verhält sich die Sache, wenn der unerfahrene Arzt sich eines diagnoseunterstützenden Programms bedient - quasi als Ersatz für eigenes Wissen. Wer trägt dann für die Diagnose die Verantwortung? Dazu ist zu sagen, daß der unerfahrene Arzt auf keinen Fall eine Überweisung zum Facharzt damit umgehen kann. Kein diagnoseunterstützendes Programm kann einen Arzt von seiner Verantwortung für seinen Patienten entbinden. Dies ist auch der Grund, warum der Zusatz "unterstützend" von allen Herstellern solcher Programme verwendet wird (Hand 1985).

Der einzige vertretbare Zweck, wozu ein Unerfahrener ein solches Programm einsetzen könnte, ist die Weiterbildung. Genau wie man einem Experten über die Schulter schaut und damit lernt, die richtigen Fragen zu stellen, kann man dies bei einem Expertensystem tun.

IV. Hauptuntersuchung II

A. Einleitung

Der Arzt, der ein Expertensystem benutzt, erwartet davon eine Hilfe bei einer wichtigen und dringenden Entscheidung, die er bei einem bestimmten Patienten zu treffen hat. Die Abschätzung des Suizidrisikos ist für den Psychiater eine ebenso schwierige wie meist entscheidend wichtige Aufgabe, kann es doch um das Leben des Patienten gehen. Nachdem das vorliegende Expertensystem im Bereich der depressiven Syndrome sich bewährt hatte, stellte sich die Frage, ob man sein Wissen derart erweitern konnte, daß damit auch in einem eng umschriebenen Bereich wie der Abschätzung des Suizidrisikos valide Aussagen machbar waren. Zu dieser Validierung wurden retrospektive Studien gewählt: alle Patienten der folgenden Studien hatten Suizidgedanken, ein Teil der Patienten unternahm sogar einen Suizidversuch. Das System sollte nun diese beiden Gruppen voneinander trennen können. Im Gegensatz zu den depressiven Syndromen war es hier also möglich, zumindest retrospektiv ein Außenkriterium anzugeben.

1. Die Wichtigkeit von Suizidgedanken

Die Prävalenz von Suizidgedanken in einer repräsentativen Feldstudie von Korczak (1986) lag bei 30-59jährigen bei 12%, bei jüngeren Menschen sogar bei 15%. Linden (1969) schätzt, daß in der Bundesrepublik jährlich 50 000 Menschen einen Selbstmordversuch unternehmen, das wären 0,95 Promille der Gesamtbevölkerung.

Nach den Unterlagen des Statistischen Bundesamtes haben sich z.B. im Jahr 1983 in der Bundesrepublik 13075 Menschen das Leben genommen, das wären 0,21

Promille der Gesamtbevölkerung. Die Anzahl der Selbstmordversuche liegt also etwa 5 bis 10 mal höher als die Zahl der Suizide.

Suizidgedanken sind deshalb so wichtig, weil man heute weiß, daß ein Großteil der Patienten mit späteren Suizidhandlungen vorher ihre Suizidgedanken mitteilt. So fand Lungershausen (1968) bei Studenten 45% der Suizidanten und 51% der Suizidenten vor der Tat sich entsprechend äußernd, Linden (1969) bei seinen Patienten mit Suizidversuch 39% verbale Suizidinformationen und 56% insgesamt auffällige Informationen der Umwelt gegenüber. Barraclough et al.(1974) fanden, daß 55% derjenigen, die später Suizid begingen, ihre Absichten vorher der Umgebung mitteilten. Nach Robins (1985) sprechen sogar 50-80% aller Patienten, die später Suizidhandlungen begehen, vorher von ihrer Absicht. Litman (1968) hatte sogar bei 75% der von ihm untersuchten Suizidfälle gefunden, daß diese innerhalb der letzten vier Wochen vor ihrem Tod Suizidgedanken geäußert hatten. Ähnlich hohe Zahlen werden auch von Motto und Green (1958) sowie Robins et al.(1959) angegeben. Die Zahl der Patienten mit Suizidabsichten, die vorher einen Arzt aufsuchen, ist andererseits nicht gering. Die Werte schwanken in der Literatur zwischen 22% und 82% (Kurz und Möller 1984). Barraclough et al.(1974) berichten, daß 69% derjenigen, die später Suizid begingen, in den vier Wochen vorher einen Arzt aufsuchten, 48% sogar während der Woche vor ihrem Tod. Der Arzt, dem der Patient also seine Suizidgedanken offenbart, trägt damit eine besondere Verantwortung. Er hat möglicherweise jemand vor sich, der in absehbarer Zeit Suizid begehen könnte.

2. Risikolisten

Die Entwicklung von sogenannten Risikolisten gründet sich auf die Annahme, daß Menschen die später suizidale Handlungen vornehmen, sich durch gewisse Merkmale von solchen unterscheiden, die dies nicht tun. Eine Liste solcher Merkmale wird eine Risikoliste genannt. Zu diesen Merkmalen zählen z.B. das Alter, der Familienstand, der Lebensstandard.

Inzwischen sind über 20 solcher Risikolisten bekannt (Cohen et al. 1966, Devries 1966, Dean et al.1967, Tuckmann and Youngman 1968, Pöldinger 1968, Miskimins and Wilson 1969, Buglass and McCulloch 1970, Van de Loo and Diekstra 1970, Stork 1971, Buglass and Horton 1974, Farberow and MacKinnon 1974, Gustavson et al. 1974, Kielholz 1974, Lettieri 1974, Zung 1974, Motto and Heilbron 1976, Kreitman 1977, Lauter 1980, Pallis et al. 1984, Henseler et al. 1983, Patterson et al. 1983). Diese Listen sind nach Pöldinger und Sonneck (1980) im Einzelfall nur wenig aussagekräftig. So hat der Praktiker, welcher entscheiden muß, wenig Nutzen von einer Liste, mit der man 56% der Personen mit späteren Suizidhandlungen und 79% ohne späteres suizidales Verhalten richtig einordnen kann (Devries 1966). Durch die kleine Zahl der Suizidanten bezahlt man das Erkennen bei der Hälfte dieser Gruppe mit der Vermutung bei einer großen Zahl von Nicht-Suizidanten.

Kurz et al.(1986) haben sieben dieser Listen an 400 Patienten nach Suizidversuch validiert, indem sie die Patienten nach einem Jahr nachuntersuchten. Dabei fand sich, daß keine der Listen mit einer vernünftigen Genauigkeit zukünftiges suizidales Verhalten voraussagen konnte. Auch die im deutschen Sprachraum bekannteste Risikoliste, die von Pöldinger, konnte von Padrutt (1970) nicht erfolgreich angewandt werden. Dementsprechend folgerte er, daß die Anwendung auch dieser Risikoliste in der ärztlichen Praxis nicht empfohlen werden kann. Fragebögen zur Abschätzung des Suizidrisikos haben sich daher klinisch nie durchgesetzt.

3. Das Computerprogramm von Greist und Gustafson

Greist et al.(1973), Gustafson et al.(1977) sowie Gustafson et al. (1981) benutzen ein Computerprogramm zur Vorhersage des Suizidrisikos. In einem direkten Computer-Patienten-Dialog werden wichtige Merkmale abgefragt, und zwar solche, die von acht Psychiatern als entscheidend für die Beurteilung der Suizidalität angesehen wurden. Es fanden sich 32 Faktoren mit insgesamt 246 Ausprägungen. Nun wurden von 6 Psychiatern zu jeder Ausprägung eine Wahrscheinlichkeit angegeben, mit der sie zur Suizidilität beiträgt. Aus den Antworten eines Patienten wird dann mit Hilfe dieser Wahrscheinlichkeiten ein Gesamtwert errechnet, der das Suizidrisiko anzeigt. In einer ersten Validierung untersuchten sie retrospektiv 20 Krankengeschichten. 10 dieser Patienten unternahmen 3 Monate nach Erstellung des Krankenblattes einen Suizidversuch, die restlichen 10 nicht. Sie fanden, daß ihr Programm 74% der Patienten mit späterem Suizidversuch richtig voraussagte (während Psychiater, denen sie die Krankenakten vorlegten, nur 40% dieser Gruppe richtig voraussagten). Die Patienten, die keinen Suizidversuch unternehmen sollten, wurden vom Programm in 90% der Fälle richtig vorhergesagt, in gleichem Maße auch von den Psychiatern.

Es zeigte sich, daß das Programm nur geeignet war, Suizidversuche vorherzusagen, nicht aber Suizide. Die Autoren arbeiten daher an einer verbesserten Version, außerdem an einer Prospektivstudie zur Validierung der ersten Version (Gustafson et al. 1981).

B. Die ersten 40 Patienten (Studie A)

1. Methode

a. Hardware und Software

Es wird die gleiche Rechnerausstattung und die gleiche Software wie oben verwendet. Das Wissen zur Abschätzung des Suizidrisikos wird in einem eigenen Modul der Wissensbasis untergebracht, der erst auf Anfrage aktiviert wird. Es wird also das gleiche Expertensystem benutzt, welches mit einer ersten Wissensbasis zur Diagnostik des depressiven Syndroms eingesetzt wurde.

b. Die Datenbasis

In der Datenbasis befindet sich das im Laufe des Dialoges erworbene Wissen über einen individuellen Patienten. Dort werden also seine Symptome und anamnestischen Daten gesammelt (persönliche Daten werden nicht abgefragt) und nach dem Dialog wieder gelöscht. Das System verwendet über 200 solcher Merkmale. Die Abb.9 zeigt einen Ausschnitt daraus.

PAT-IST-DEPR	Der Patient ist depressiv.
PAT-DENK-WOCH	Der Patient denkt seit Wochen an Suizid.
PART-VERL-PAT	Der Patient wurde von seinem Partner verlassen.
PAT-HAT-KIND	Der Patient hat ein Kind.
PAT-STR-ELT	Der Patient hat Streit mit seinen Eltern.
PAT-BRAU-PART	Der Patient braucht seinen Partner.
ELT-LIEB-PART	Die Eltern des Patienten mögen seine Partnerin.
GRUND-GEG-SUI	Der Patient gibt Gründe an, die gegen einen Suizidversuch sprechen.

Abb.9: Ausschnitt aus den in der Datenbasis verwendeten Merkmalen (links) und ihre natürlichsprachliche Bedeutung (rechts).

Diese Codierung ist notwendig, um den Arbeitspeicher des Microcomputers zu entlasten. Die Merkmale sind nach einer einfachen Grammatik aufgebaut. Wenn links vor dem Merkmal ein Ausrufezeichen steht, so heißt das, das Merkmal ist beim Patienten vorhanden. Steht dort ein Asterix (*), dann heißt das, daß der Patient dieses Merkmal nicht besitzt. Jedes Merkmal wird durch drei Teile symbolisiert, die durch Bindestriche getrennt sind. In der Regel wird folgende Reihenfolge eingehalten: Subjekt, Verb, Objekt.

Eine Abstufung nach der Sicherheit, mit der ein Symptom vorhanden ist, ist nicht vorgesehen. Ein Merkmal wird als vorhanden oder nicht vorhanden angenommen. Unsicherheiten bezüglich des Vorhandenseins von Merkmalen können sich aber durch Widersprüche zu anderen Merkmalen manifestieren. Es gibt Regeln, die diese Widersprüche aufgreifen können und eine Klärung z.B. durch Nachfragen oder interne Korrektur versuchen.

c. Der Aufbau der Wissensbasis

In der Wissensbasis steht das Wissen des Programms über die Suizidgefährdung des Patienten in der Form einzelner Sätze. Die erste Wissensbasis benutzte ca. 200 solcher Sätze. Jeder dieser Sätze hat die Form einer Regel: Wenn ein Patient bestimmte Symptome bzw. anamnestischen Hinweise hat, dann wird eine bestimmte Operation (Frage,interne Schlußfolgerung,Diagnose) ausgeführt.

In den hier vorgestellten Expertensystemen kann eine Regel maximal 6 Bedingungen (Prämissen) haben und eine Operation ausführen (Konklusion). Die Prämissen sind nicht alle gleichberechtigt. Eine der 6 Prämissen, die Hauptprämisse muß unbedingt erfüllt sein, wenn die Regel angewandt werden soll, eine andere Prämisse, die Vetoprämisse darf auf keinen Fall erfüllt sein, soll es zur Regelanwendung kommen. Je nach Aussehen der Konklusion kann man die Regeln einteilen in solche, bei denen die Konklusion aus einer Frage an den Arzt besteht oder bei denen eine interne Schlußfolgerung (Arbeitshypothese) gezogen wird oder bei denen eine externe Schlußfolgerung (Diagnose) gestellt wird. Die Abb.10 zeigt einen Ausschnitt aus der Wissensbasis. Die Grammatik der Merkmale wurde im letzten Abschnitt besprochen.

```
1) Eine Regel ordnet Schlüsselwörtern ein Merkmal zu
   PATIENT,STREIT,ELTERN ---> PAT-STR-ELT
2) Eine Regel ordnet mehreren Merkmalen eine Frage zu:
   !PAT-STR-ELT ---> Warum hat der Patient Streit mit
                     seinen Eltern?
3) Eine Regel wird spontan aktiviert, ohne daß Prämissen
   vorhanden sein müssen:
   ---> Seit wann hat der Patient Suizidgedanken?
4) Eine Regel ordnet mehreren Merkmalen eine interne
   Schlußfolgerung zu:
   !PAT-STR-ELT,!PAT-BRAU-ELT ---> !PAT-HEMM-AGG
5) Eine Regel ordnet mehreren Merkmalen eine externe
   Schlußfolgerung zu:
   !PAT-GEH-JEM,!PAT-DENK-SELT,!GRUND-GEG-SUI,
   *PAT-DENK-KONK,*PAT-HAT-SUI ---> Der Patient ist nicht
                                    akut suizidal.
6) Einem Merkmal mit einer Variablen wird eine Frage
   zugeordnet:
   !PAT-DENK- ---> Hat der Patient konkrete Suizidpläne
                   entworfen?
7) Eine Regel bildet zu einem Schlüsselwort den
   Oberbegriff:
   FREUND oder VERLOBTER oder EHEMANN oder GATTE --->
   PARTNER
```

Abb.10: Ausschnitt aus der Wissensbasis

Die aktuelle Wissensbasis unterscheidet sich auch in der Art der Regeln von der vorhergehenden. Insbesondere gibt es hier Regeln, die einen Satz verstehen, indem sie ihn in Form eines Merkmales codieren (Regelart 1 in Abb.10), und Regeln mit einer Variablen, die einen weitergehenden Anwendungsbereich besitzen als Regeln mit festen Prämissen.

d. Die Entwicklung der Wissensbasis

Der Inhalt der Wissensbasis ist ein Abbild des Wissens eines Psychiaters, der mit der Abschätzung des Suizidrisikos vertraut ist. D.h. die Wissensbasis wurde Schritt für Schritt seinem Vorgehen nachgebildet. Das geschah dadurch, daß die Krankengeschichte eines Patienten, der Suizidgedanken oder Suizidhandlungen aufzuweisen hatte, hergenommen wurde. Nun wurde festgestellt, welche Fragen der Psychiater an diesen Patienten stellen würde, um eventuelle Suizidabsichten zu erkennen. Diese Fragen wurden in die Wissensbasis aufgenommen. Schließlich wurde gefragt, welche Schlußfolgerungen der Psychiater aus dem bereits vorhanden Daten ziehen könnte. Diese Schlußfolgerungen wurden ebenfalls in die

Wissensbasis aufgenommen. Bei der nächsten Fallstudie war dann die Wissensbasis bereits fähig, die gelernten Fragen zu benutzen. Ging sie wie der Psychiater vor, wurde keine Änderung vorgenommen, wich sie vom Vorgehen des Psychiaters ab, wurde das abweichende Vorgehen in die Wissensbasis aufgenommen. Auf diese Weise entwickelte sich ein Abbild der ärztlichen Vorgehensweise. Die Art und Weise, wie der Psychiater und damit auch das System vorgeht, orientierte sich an dem psychoanalytischen Modell der Suizidalität. Dieses Modell (Freud 1917) ging ursprünglich davon aus, daß "das Ich sich nur dann töten kann, wenn es durch die Rückkehr der Objektbesetzung sich selbst wie ein Objekt behandeln kann, wenn es die Feindseligkeit gegen sich richten darf, die einem Objekt gilt und die die ursprüngliche Reaktion des Ichs gegen Objekte der Außenwelt vertritt." Später führte Freud dann einen Todestrieb ein, der sich in Form einer auf die Umwelt gerichteten Aggression befriedigen läßt. Ist dies nicht möglich (z.B. durch ein strenges Über-Ich), dann richtet sich dieser Trieb gegen die eigene Person. Ringel (1969,1974) knüpft mit seinen Vorstellungen vom präsuizidalen Syndrom an diese Gedanken Freuds an, wenn er im zweiten Punkt seines Syndroms die gehemmte und deswegen auf die eigene Person gerichtete Aggression wirken sieht. Indem die Befriedigung der Aggression an der Umwelt, z.B. durch ein starres Über-Ich oder durch Erkrankungen mit einer Hemmung der seelischen Aktivität, wie z.B. bei der endogenen Depression oder durch fehlende zwischenmenschliche Beziehungen, aber auch durch kulturelle Verbote, für längere Zeit verhindert wird, steigt der Trieb immer stärker an und richtet sich schließlich als Ersatzobjekt gegen die eigene Person. Die von Ringel angegebene emotionale, zwischenmenschliche und wertspezifische Einengung würde dann den Boden bereiten für die beschriebene Aggressionsumkehr.

Ausgehend von diesen Modellvorstellungen fragt sich das Programm nun in die individuelle Situation eines Patienten hinein, ähnlich wie das der erfahrene Psychiater macht.

Nach Böcker (1984) hängt die Tatsache, ob und wie konsequent Suizidgedanken in Suizidhandlungen umgesetzt werden, auch von Faktoren ab, die in der Lebensgeschichte sowie im zwischen- und mitmenschlichen Bereich angsiedelt sind. Die Anamnese muß daher die Entwicklung der Persönlichkeit, die Sozialbezüge, die Wertrelevanzen umfassen. Weiter ist zu fragen, warum jetzt diese Impulse in Erscheinung treten und was den Betroffenen bisher im Leben gehalten hat; was diesen Menschen überhaupt ans Leben bindet, was er vom Leben erwartet, was er will. Von nicht zu unterschätzender Bedeutung ist der weltanschauliche Hintergrund des Patienten. Außerdem müsse ermittelt werden, zu welchen Personen besonders enge Beziehungen bestehen. Wenn er hier bereits eingeengt ist, gewinnen die noch vorhandenen sozialen Beziehungen natürlich für ihn ein besonderes Gewicht. Eine Vielzahl intakter, sozialer Beziehungen kann dazu benutzt werden, Spannungen in der einen Beziehung durch die Qualität der restlichen Kontakte zu kompensieren. Diese Möglichkeit entfällt für jemanden, der keine oder nur eine intakte soziale Beziehung aufweist. In diesem Fall müssen Aggressionen gegen eventuell noch vorhandene soziale Partner um so eher zurückgehalten werden und können sich dann gegen den Patienten selbst richten (Aggressionsumkehr). Dabei gilt es auch, gemachte Angaben zu hinterfragen, etwa wenn Gründe angegeben werden, die gegen einen Suizidversuch sprechen und sich dann beim Nachfragen als nicht stichhaltig erweisen. Desgleichen sollten Widersprüche erkannt werden und der Anlaß sein, an dieser Stelle durch weitere Fragen Klarheit zu gewinnen.

e. Der Ablauf des Programmes

Der Dialog-, Lern- und Erklärmodus läuft genauso ab, wie im ersten Teil der Hauptuntersuchung beschrieben. Nur werden hier weniger ja/nein Fragen gestellt und dafür ganze Sätze als Eingabe erwartet. Die folgende Abbildung zeigt einen Ausschnitt aus dem Dialog:

```
Dieses Program enthält das Wissen, um Sie bei der Frage zu
unterstützen, ob ein Patient (oder eine Patientin) mit
Suizidgedanken in Gefahr ist, einen Suizidversuch zu
begehen oder nicht.

WARUM HAT DER PATIENT SUIZIDGEDANKEN?
Der Patient hat Streit mit seinen Eltern.

WARUM HAT DER PATIENT STREIT MIT SEINEN ELTERN?
Die Eltern mögen die Freundin nicht.

HAT DER PATIENT PROBLEME MIT SEINEM PARTNER?
Ja

HAT DER PATIENT KINDER?
Nein

HAT DER PATIENT SONSTIGE VERWANDTE ODER BEKANNTE, ZU DENEN
ER IM SCHLIMMSTEN FALL GEHEN KÖNNTE?
Nein

IST DER PATIENT IRGENDWIE AUF SEINE ELTERN ANGEWIESEN?
Ja

IST DER PATIENT IRGENDWIE AUF SEINEN PARTNER ANGEWIESEN?
Ja
```

```
HAT DER PATIENT EINE ARBEIT?
Nein

SEIT WANN HAT DER PATIENT SUIZIDGEDANKEN (TAGE, WOCHEN,
MONATE, JAHRE)?
Seit Jahren!

HAT DER PATIENT SCHON EINMAL EINEN SUIZIDVERSUCH
UNTERNOMMEN?
Ja
...
```

Abb.11: Ausschnitt aus einem Dialog zwischen einem Arzt und dem Programm (Großdruck) über einen Patienten.

Das vorliegende Programm wendet sich also nicht an den Patienten direkt. Vielmehr spricht der Arzt mit dem Programm über einen Patienten. Das Wissen über den Patienten entnimmt er entweder seinem Gedächtnis (in späteren Anwendungen) oder der Krankengeschichte oder einem speziellen Fragebogen, der die Fragen abdeckt, die das Programm zu stellen vermag.

f. Die Entwicklung eines Fragebogens

Wir haben es nicht für richtig gehalten, einen Patienten mit Suizidgedanken oder abgelaufenen Suizidhandlungen vor einen Computer zu setzen. Der Patient erwartet ja gerade menschliche Zuwendung und würde es nicht verstehen, wenn man ihn vor eine Maschine setzen würde. Deswegen haben wir als Zwischenträger einen Fragebogen gewählt, der die möglichen Fragen des Programms enthält (siehe Anhang).

g. Die Auswahl der Patienten

Es werden zwei Gruppen von Patienten miteinander verglichen: Die erste Gruppe hat Suizidgedanken, ohne einen Suizidversuch unternommen zu haben, die andere Gruppe hat Suizidgedanken gehabt und einen Suizidversuch unternommen. Wenn sich nun alle Fragen nicht auf einen möglichen aktuellen Suizidversuch beziehen, sondern sich auf die üblichen Lebensdaten und Befunde beschränken, dann wird folgendes Vorgehen möglich:

Kann jemand, der nicht weiß, zu welcher Gruppe der Patient gehört, aus diesen Merkmalen schließen, ob er zu der Gruppe mit oder der ohne Suizidversuch gehört? Damit hätte man dann die Tatsache des Suizidversuches aus den vorhandenen Merkmalen "vorhergesagt".

Die untersuchten Patienten wurden zufällig aus dem Patientengut der Psychiatrischen Universitätsklinik Erlangen und des Bezirkskrankenhauses Erlangen ausgewählt. Nicht aufgenommen wurden Patienten mit Psychosen, vielmehr handelte es sich durchweg um Patienten mit abnormen Erlebnisreaktionen in einer krisenhaften Lebenssituation. Klarheit mußte auch darüber bestehen, wann ein Suizidversuch vorgelegen hat und wann nicht: Wenn es beim Vorliegen von Suizidgedanken zu einer selbstschädigenden Intention oder Handlung kam, die von der Umgebung und/oder dem Patienten als lebensgefährlich erachtet wurde, wurde ein Suizidversuch angenommen, sonst nicht. Es wurde daher auch das Stehen auf einem Hochhaus mit der Absicht hinunterzuspringen als Suizidversuch gewertet.

2. Ergebnisse

Es wurden anfangs 40 Testfälle anhand von nicht strukturierten Krankengeschichten eingegeben, das Verhalten des Programms dabei beobachtet und sofern nötig, die Wissensbasis geändert (mit Hilfe des Lernmodus). Jedesmal wurde genau verfolgt, wie das System den Testfall behandelte, ein Protokoll der Datenbasis angefertigt und die Wissensbasis einer kritischen Wertung unterzogen.

	Suizid-versuch	kein Suizid-versuch	Summe
Richtige Voraussage	11	3	14
Falsche Voraussage	5	5	10
Keine Voraussage	15	1	16
Summe	31	9	40

Tab.21: Die Voraussage von Suizidversuchen bei Patienten mit Suizidgedanken in den ersten 40 Testfällen

Wie man sieht (Tab.21), war bei 16 Patienten ein Anpassen der Wissensbasis notwendig, weil das Programm keine Vorhersage abgeben konnte. Bei 10 Patienten wurde eine falsche Vorhersage getätigt, was ebenfalls eine Veränderung der Wissensbasis notwendig machte.

14 Patienten wurden richtig zugeordnet, d.h. das System sagte richtig voraus, ob sie einen Suizidversuch gemacht hatten oder nicht. Diese Ergebnisse sind typisch für

die Phase in der Entwicklung eines Expertensystems, in der das System durch dauernde, informelle Eingaben von Testfällen verfeinert wird (Buchanan und Shortliffe 1984).

C. Überprüfung an 100 Patienten (Studie B)

1. Methode

Bei den nächsten 100 Patienten galten die gleichen Auswahlkriterien wie oben. Neben der Krankengeschichte stützt sich die Dokumentation auf einen vom Patienten auszufüllenden Fragebogen, welcher vor allem die Fragen des Programms enthält (siehe Anhang).

Zum Ausschalten des Halo-Effektes, d.h. der unbewußten Beeinflussung des Arztes bei der Eingabe in den Computer durch sein Wissen um die Gruppenzugehörigkeit des Patienten, wurde darauf geachtet, daß ihm letzteres vorenthalten blieb.

Patienten mit einer Psychose wurden nicht in die Studie aufgenommen, weil die Hintergründe eines Suizidversuches bei vorliegender Psychose andere sein sollten als jene bei Patienten mit Konfliktreaktionen. Von den 100 Patienten wurden 26 im Bezirkskrankenhaus Erlangen-Büchenbach befragt, 74 in der Psychiatrischen Universitätsklinik Erlangen. Von diesen 74 Patienten waren 40 ambulant gesehen worden, 29 Patienten befanden sich auf Station. Bei 5 Patienten ist es nicht bekannt, ob sie stationär oder ambulant behandelt wurden.

2. Ergebnisse

42 Patienten der Gesamtgruppe hatten einen Suizidversuch in den letzten 2 Wochen hinter sich. Von diesen 42 Patienten wurden 33 Patienten stationär aufgenommen. 9 konnten entlassen werden, weil eine akute Suizidgefahr nicht mehr gegeben war. Von den 58 Patienten, die trotz Vorliegens von Suizidgedanken keinen Suizidversuch unternommen hatten, waren immherhin 23 stationär behandelt worden, weil die Beschwerden doch so gravierend waren (nicht nur die Suizidgefahr), daß eine ambulante Behandlung nicht mehr ausreichend erschien. Wenn man die Gesamtergebnisse betrachtet, erhält man die folgende Tabelle:

		Vorhergesagte Gruppenzugehörigkeit	
Gruppe	**Zahl d. Fälle**	**Versucher**	**Nichtver.**
Versucher	37	23 (62%)	14 (38%)
Nichtversucher	53	26 (49%)	27 (51%)

Tab.22: Ergebnisse der Klassifikation mit Hilfe der subjektiven Wissensbasis aus Studie A, angewandt auf eine Kontrollstudie (n=100)

Insgesamt wurden also 56% aller Patienten richtig vorhergesagt. Von den Patienten, die einen Suizidversuch unternommen haben, gibt das Programm ein hohes Risiko in 62% der Fälle an. Diese Zahl nennt man die Sensitivität für das Merkmal Suizidrisiko. Die Spezifität liegt aber nur bei 51%, d.h. von den Patienten, die keinen Suizidversuch unternommen haben, werden etwa die Hälfte als gefährdet betrachtet. Das Programm lehnt sich daher insgesamt gesehen mehr an das Urteil des Arztes an, der über die stationäre Aufnahme entscheidet. Im Vergleich zu diesem Kriterium liegt die Sensitivität bei 69% und die Spezifität bei 64%.

3. Diskussion

a. Vergleich der Sensitivität und Spezifität

Die Sensitivität und die Spezifität verhalten sich gegensätzlich: je höher die erstere, um so niedriger die zweite und umgekehrt. Wenn man also möglichst viele Suizidversuche vorhersagen will (hohe Sensitivität), muß man dafür eine niedrige Spezifität in Kauf nehmen, d.h. man wird fälschlicherweise bei mehr Patienten ein hohes Risiko annehmen. Die hier erreichten Werte liegen in der Größenordnung, der in der Literatur angegebenen Werte bei verschiedenen Risikolisten. So fanden Motto und Heilbronn 1976 eine Sensitivität von 0,60 und ein Spezifität von 0,52 bei Männern und Werte von 0,32 bzw. 0,84 bei Frauen; Pallis et al. fanden eine Sensitivität von 0,83 und eine Spezifität von 0,74.

b. Die Subjektivität der verwendeten Wissensbasis

Die Regeln der eben verwendeten Wissensbasis sind nicht aufgrund einer systematischen Analyse aus einer Stichprobe extrahiert, sondern verschiedenen Ursprungs: es sind Erfahrungsregeln des klinischen Psychiaters, Erfahrungen auch mit einzelnen Patienten, Erfahrungen aus wissenschaftlichen Zeitschriften und

Lehrbüchern. Dies ist das übliche Vorgehen bei der Erstellung einer Wissensbasis für ein Expertensystem (Buchanan und Shortliffe 1984). Nach Gustafson et al.(1981) muß man sich auf solche subjektiven Urteile verlassen, weil nicht genügend empirischen Daten vorliegen, die als Fundament einer Wissensbasis dienen könnten. Für die Verwendung subjektiven Wissens anstatt der alleinigen Verwendung empirisch begründeter Regeln sprechen sich auch Gustafson et al.(1969), Slovic und Lichtenstein (1971), Hursch et al. (1964) sowie Grinell et al. (1971) aus. Es ist ja gerade dieses subjektive Wissen, die persönliche Erfahrung, welche ein Expertensystem erschließt. Hayes-Roth et al.(1983) sind der Meinung, daß diese Erschließung subjektiven Wissens weittragende Auswirkungen haben wird: "This will stimulate development of new knowledge, especially knowledge related to performing tasks expertly. In many years of human endeavor, this will signal a transition from personal to a public basis for thought. This transition will revolutionize human culture."

In der Tat ist es so, daß die Methode der regelbasierten Systeme mit subjektiven Wissensbasen relativ jungen Datums ist. Die ersten Bemühungen, Computerprogramme zur Unterstützung der Diagnostik einzusetzen, verwendeten objektive Methoden wie die Diskriminanzanalyse, Mustererkennung und Clusteranalyse (vgl. Reggia und Tuhrim 1985). Nach Hand (1985) haben diese empirischen Methoden der Statistik und Mustererkennung folgende Vorteile: Sie sind objektiv, d.h. sie verlassen sich nicht auf zweifelhafte Theorien oder darauf, wie Menschen eine Diagnose stellen, und sie sind wissenschaftlich weitgehend ausgearbeitet. Der Autor sieht aber auch viele Nachteile, die seiner Meinung nach dem praktischen Gebrauch in der Klinik entgegenstanden: da ist einmal die Ausgangsstichprobe, von deren Gewinnung De Dombal (1978) sagt: "When one looks for large scale, multi-centre, reproducible, comprehensive, well-defined, geographically stable data sets about the presentation of various related diseases one finds that these are virtually non-existent." Zum anderen können diese Programme ihre Entscheidungen dem Kliniker nicht, in der ihm eigenen Art zu denken, erklären. Dadurch kann man ihren Weg der Entscheidungsfindung auch nicht mit dem des Klinikers vergleichen. Viele Kliniker haben deshalb Vorbehalte gegenüber einer solchen Computerdiagnose, obwohl wiederholt gezeigt werden konnte (Pople 1982), daß Validierungsstudien bei den verschiedensten Programmiertechniken eine ebenso gute Leistung brachten wie erfahrene Kliniker und eine bessere als die Nichtspezialisten.

D. Empirische Untersuchungen an 150 Patienten (Studie C)

1. Einleitung

In der Hoffnung, daß sich empirische Differenzen zwischen beiden Gruppen finden würden, wurde eine weitere Studie mit 150 Patienten unternommen. Alle diese Patienten hatten Suizidgedanken, aber nur 71 hatten wirklich einen Suizidversuch unternommen, während es bei 79 noch nicht so weit gekommen war. Die Frage war, wie sich diese beiden Gruppen voneinander unterscheiden würden.

2. Methode

150 ambulanten oder stationären Patienten wurde der Fragebogen vorgelegt. Diejenigen Patienten, die wegen eines kürzlich aufgetretenen Suizidversuches in die Klinik kamen, wurden als SV+ bezeichnet, die Patienten, die nur Suizidgedanken hatten, als SV-.

Die Patienten nach Suizidversuch wurden gebeten, die Fragen so zu beantworten, wie sie **vor** dem Suizidversuch gedacht oder gefühlt haben. Der Fragebogen umfaßte 52 Items. Jetzt wurde ein Zusammenhang gesucht zwischen den Merkmalen des Fragebogens und der Tatsache, ob der Patient einen Versuch gemacht hatte oder nicht.

3. Ergebnisse

a. Kreuztabellen

Insgesamt waren 13 Items auf dem 5%-Niveau signifikant, davon alleine 5 auf dem 1%-Niveau. Nach der Größe der Signifikanz geordnet, ergaben sich im einzelnen die folgenden Zusammenhänge (Tabelle 23). Im umgekehrten Fall traten weniger Suizidversuche auf, etwa, wenn die Suizidgedanken bereits seit Jahren vorhanden waren oder der Patient angab, die Zukunft sei kaum zu bewältigen.

```
Es traten mehr Suizidversuche auf, wenn:
- die Interessen nicht nachgelassen hatten (0.0004)
- die Suizidgedanken erst seit Tagen aufgetreten waren
    (0.0013)
- der Patient mit niemanden über seine Absichten gesprochen
    hatte (0.0043)
- der Patient Vorbereitungen getroffen hatte (0.0050)
- der Patient angab, er hätte eine Strafe verdient (0.0052)
- der Patient bereits einmal einen Suizidversuch
    unternommen hatte (0.0109)
- der Patient jünger als 30 Jahre alt war (0.0145)
- seine Stimmung nicht gedrückt war (0.0161)
- er angab, er sei nicht untrennbar mit dem Objekt
    verbunden (0.0231)
- er angab, die Zukunft sei zu bewältigen (0.0317)
- er angab, er hätte sich nicht von seiner Umgebung
    zurückgezogen (0.0356)
- die Suizidgedanken ständig vorhanden gewesen seien
    (0.0437)
- er sich nicht an das Objekt gebunden fühlte (0.0483)
```

Tab.23: Merkmale die mit der Tatsache eines Suizidversuches korrelieren (Signifikanz < 0.05)

b. Diskriminanzanalyse

Wenn man aufgrund einer Anzahl von Variablen einen Suizidversuch prognostizieren will, dann eignet sich eine Gruppe von Patienten, bei denen diese Zuordnung bekannt ist, dafür, eine Prozedur zu entwickeln, um in zukünftigen Fällen die Zuordnung vorherzusagen.

Die Diskriminanzanalyse ist ein objektives Verfahren, um diese Klassfikationsregel zu gewinnen. Als diskriminierende Variable wurden die fünf Variable gewählt, die am besten mit einem eventuellen Suizidversuch korrelieren: die Dauer der Suizidgedanken, die Tatsache der Vorbereitung, das Sprechen über die Suizidgedanken, das Nicht-Nachlassen der Interessen und das Gefühl, eine Strafe verdient zu haben.

Von den 150 Patienten konnten 142 zur Diskriminanzanalyse herangezogen werden, bei 8 fehlte mindestens bei einer diskriminierenden Variable ein Wert. Als Ergebnis erhält man die Diskriminanzkoeffizienten, das sind die Multiplikatoren der fünf Variablen, die man gewählt hat, um die beiden Gruppen SV+/SV- zu unterscheiden.

Mit Hilfe dieser Koeffizienten läßt sich die Diskriminanzfunktion folgendermaßen schreiben:

```
Wert = 0.32*Zeit  +  1.43*Vorbereitung  +
     +  (-0.87)*Sprechen  +  (-0.98)*Interessen  +
     +  0.83*Strafe  +  (-2.30)
```

Auf Grund dieser Diskriminanzfunktion läßt sich für jeden Patienten ein Wert berechnen. Trägt man die Zahl der Patienten für diese Werte dann für die Gruppe der Versucher und der Nichtversucher sowie der Gesamtgruppe in ein Histogramm ein so erhält man die folgende Abbildung:

```
            Canonical  Discriminant Function
      32+                                         +
        |                                         |
        |                                         |
        |                                         |
      24+                                         +
        |                  2                      |
        |                  2        2             |
        |                  2    2   2             |
      16+                  2    2   2             +
        |                  1  2 2   2             |
        |                  1  2 2   2             |
        |                  1  2 2   2             |
       8+         1      2 1 22 2   2             +
        |         1   1 22 1221222  2             |
        |         11 11 11 1211212 21             |
        |   1  1111111111121111112 21             |
        +----+----+----+----+----+----+----+------+
      Out -3.0 -2.0 -1.0   0.0  1.0  2.0  3.0   Out
Class   1111111111111111111122222222222222222222
Centroids                1     2
```

Abb.12: Histogramm der Diskriminanzfunktion für beide Gruppen (1=mit Suizidversuch, 2=ohne Suizidversuch) für n=142

Die Ergebnisse der Klassifikation zeigt die nachfolgende Tabelle:

		Vorhergesagte Gruppenzugehörigkeit	
Gruppe	**Zahl d. Fälle**	**Versucher**	**Nichtver.**
Versucher	67	50 (74,6%)	17 (25,4%)
Nichtversucher	75	19 (25,3%)	56 (74,7%)

Tab.24: Ergebnis der Diskriminanzfunktion (n=142)

Insgesamt beträgt die Zahl der durch die Diskriminanzfunktion richtig klassifizierten Patienten 74,65%. Diese Zahl konnte nicht erhöht werden, auch wenn man die diskriminierenden Variablen methodisch selektierte, etwa mit der Methode, das Wilk'sche Lambda zu minimalisieren (Norusis 1986). Wenn man auf diese Weise fünf Variable selektiert (Zeit,Vorbereitung,Sprechen,früherer Versuch und Interessen) und aus ihnen eine Diskriminanzfunktion ableitet, dann beträgt die Zahl der richtig klassifizierten Patienten 70,83%. An und für sich verlangt die Diskriminanzanalyse Variablen mit einer multivariaten Normalverteilung. Im Falle dichotomer Variablen legen aber die Erfahrungen nahe (Gilbert 1981, Moore 1973), daß die lineare Diskriminanzfunktion genauso gute Ergebnisse erzielt.

Schließlich ist zu bedenken, daß die Diskriminanzfunktion auf die Patientenstichprobe zugeschnitten ist, aus der sie berechnet wurde. Man erhält daher für diese Stichprobe sicher eine höhere Zahl richtig klassifizierter Patienten, als wenn man die Diskriminanzfunktion auf eine neue Stichprobe anwendet.

c. Clusteranalyse

Mit Hilfe der Clusteranalyse werden die Patienten einer Stichprobe anhand der Ähnlichkeit ihrer Merkmale in Gruppen oder Cluster eingeteilt. Im Gegensatz zur Diskriminanzanalyse muß man die Gruppenzugehörigkeit Versucher/Nichtversucher nicht wissen, um die Klassifikationsregel abzuleiten. Die Klassifikation wird nur aufgrund der Ähnlichkeiten getroffen. Um eine Clusteranalyse durchzuführen, müssen mehrere Entscheidungen getroffen werden: Welche Variablen will man für die Clusterbildung heranziehen, wie will man die Unterschiede zwischen den Patienten messen?

Als solches Abstandsmaß wird die quadrierte euklidische Distanz verwendet, die sich als Summe aller quadrierten Differenzen der Variablen errechnet. Damit die Variablen in gleichem Maße zum Abstand beitragen, bildet das Statistikprogramm SPSS die Variable auf standardisierte Variable ab mit einem Mittelwert von Null und einer Standardabweichung von 1 (die sog. Z-Werte).

Wenn man als Variable, anhand derer die Cluster gebildet werden sollen, die bereits bekannten fünf Variablen mit einer Signifikanz kleiner als 1% verwendet, dann ergeben sich folgende Cluster:

Cluster	Versucher	Nichtversucher
I	20(74%)	7
II	8	1
IIIa	7	10
IIIb	14	12
IIIc	18	45(71%)

Tab.25: Clusteranalyse I (n=144)

Man kann die Variable, anhand derer die Cluster gebildet werden, aber auch auf andere Weise bestimmen. Etwa, indem man eine Faktorenanalyse durchführt. Bei der Faktorenanalyse stellt man sich die Frage: gibt es den Variablen zugrunde liegende Faktoren, d.h. kann man die objektiv erhebbaren Variablen so zu Gruppen ordnen, so daß man von dem Vorhandensein der Gruppe auf einen dahinterliegenden "Faktor" schließen kann? Die Faktorenanalyse geht davon aus, daß jede Variable als Linearkombination der Faktoren dargestellt werden kann mit Koeffizienten, die berechnet werden müssen. Wenn man mit den Variablen, die auf dem 5%-Niveau signifikant sind, eine Faktorenanalyse durchführt, so erhält man 5 Faktoren, die 60,9% der Varianz erklären. Trägt man die Variablen als Linearkombination der fünf Faktoren auf, so erhält man folgende Tabelle:

	Faktor1	Faktor2	Faktor3	Faktor4	Faktor5
Zeitdauer	-.04	-.18	-.02	-.02	-.34
Häufigkeit	.17	-.01	.33	-.07	-.19
Vorbereitung	.04	-.06	.42	.20	-.05
Sprechen	-.13	-.11	-.06	-.06	.75
frühere SV	-.08	.02	-.04	.67	-.04
Rückzug	.19	-.07	-.21	.33	-.02
Interessen	.28	-.08	-.14	.03	.09
Gebunden	-.12	.55	.00	.13	.01
Untrennbar	.01	.57	-.04	-.13	-.11
Alter	-.27	.01	.31	.03	.15
Stimmung	.30	.09	.14	-.32	.03
Strafe	.01	-.00	.48	-.18	-.06
Zukunft	-.34	.01	-.16	-.06	.25

Tab.26: Faktorenanalyse

Wenn man sich nun anschaut, welche Variable jeweils am meisten zu einem Faktor beitragen, dann kann man versuchen, die Faktoren zu interpretieren. Zum Faktor1 tragen etwa die "affektiven" Variablen - Stimmung und Interessenlage -

am meisten bei. Man wird diesen Faktor daher als affektiven Faktor interpretieren können.

Zum Faktor2 tragen am meisten die die Bindung ausdrückenden Variable bei, hierbei wird es sich also um einen Bindungsfaktor handeln. Der Faktor3 ist schwieriger zu interpretieren. Auf der einen Seite tragen Variable wie die Häufigkeit der Suizidgedanken bei oder die Tatsache einer Vorbereitung oder das Alter. Dies sind Variable, die auf die Aktivität des Geschehen hinweisen könnten. Auf der anderen Seite trägt auch die Variable "Strafe verdient" zu diesem Faktor bei. Man würde diesen Faktor daher als die gegen sich gerichtete Aktivität interpretieren können. Mit dem 4.Faktor korreliert die Erfahrung früherer Suizidversuche am höchsten, hierbei wird es sich also um einen Erfahrungsfaktor handeln. Der 5.Faktor schließlich wird im wesentlichen von der Variablen "Sprechen" gestützt. Man könnte ihn daher als "kommunikativen Faktor" bezeichnen. Nimmt man nun die Variable, die jeweils am höchsten zu einem der fünf Faktoren beiträgt, dann sind das die Stimmung, die Untrennbarkeit, die Strafgefühle, frühere Suizidversuche und das Sprechen. Mit diesen fünf Variablen läßt sich nun eine weitere Clusteranalyse durchführen, deren Ergebnisse die untenstehende Tabelle zeigt:

Cluster	Versucher	Nichtversucher
I	19(68%)	9
II	18	11
IIIa	13	11
IIIb	16	42(72%)

Tab.27: Clusteranalyse II (n=139)

Wie man sieht, liegt die Vorhersagequote im ersten und im letzten Cluster bei jeweils knapp über 70%, während die mittleren Cluster Mischcluster sind und keine Vorhersage bezüglich eines Suizidversuches gestatten. Die Ergebnisse sind bei beiden Clusterverfahren etwa die gleichen.

d. Empirische Regeln

Die bisher übliche Methode, Wissen für ein Expertensystem zu sammeln, bestand darin, Experten zu fragen und deren Wissen dann in das System einzugeben. Nachdem, wie oben gezeigt wurde, das bekannte Wissen über die Bedingungen eines Suizidversuchs nicht ausreicht, um genügend gute Vorhersagen zu gestatten, war die Idee folgende:

Konnte man an einer genügend großen Stichprobe empirisches Wissen gewinnen, um das Wissen des System auf eine empirische Grundlage zu stellen? War weiter ein solches System eventuell leistungsfähiger? Als Ausgangsdaten wurde wieder auf die 150 Fragebogen zurückgegriffen. Hier lagen von 150 Patienten mit Suizidgedanken jeweils über 50 Daten vor. 71 dieser Patienten hatten trotz dieser Gedanken keinen Versuch unternommen, 79 hatten einen Suizid versucht. Zur empirischen Gewinnung prognostischer Regeln aus diesen Daten wurde nun ein eigenes Suchprogramm geschrieben. Es überprüft alle zweistelligen Kombinationen von Merkmalen und errechnet jeweils den dazugehörigen prädiktiven Wert. Der prädiktive Wert einer Merkmalskombination gibt an, wie viele der Patienten, auf die diese Kombination zutrifft, eine bestimmte Eigenschaft, z.B. einen Suizidversuch aufweisen. Wenn also von den 150 Patienten 21 Patienten die Merkmalskombination: "seit Tagen Suizidgedanken" und "die Suizidgedanken haben sich aufgedrängt" haben und 17 Patienten von diesen 21 einen Suizidversuch unternehmen, dann ist der prädiktive Wert dieser Merkmalskombination 17/21 oder 81%. Um zu verläßlichen Werten zu kommen, wurden nur diejenigen prädiktiven Werte gesucht, bei denen entweder der Nenner größer als 20 war und der prädiktive Wert größer als 80 oder der Nenner größer als 15 und der prädiktive Wert größer als 90. Analog dazu wurden prädiktive Werte berechnet, wenn der Nenner größer als 20 war und der prädiktive Wert selbst unter 20 lag. Aus diesen prädiktiven Werten wurde ein "Gewicht" berechnet, das angibt, wieviel der prädiktive Wert über 80 bzw. unter 20 liegt. In der nachfolgenden Tabelle werden alle Merkmalskombinationen aufgeführt, die diese Bedingungen erfüllen:

Merkmal1	Merkmal2	Zähler	Nenner	präd.Wert in %	Gewicht
Tage	Interessen nachgelassen	17	21	80.9	1
Tage	Schuld	17	21	80.9	1
Tage	Ziele	20	24	83.3	3
Tage	Grund zu leben	23	28	82.1	2
Tage	gebraucht	20	23	87.0	7
vorbereitet	Grund zu leben	19	23	82.6	3
vorbereitet	depressiv	19	22	86.3	6
früherer SV	Strafe	15	16	93.8	14
Interessen nachgelassen	feste Arbeit	5	26	19.2	-1
Interessen nachgelassen	Angst vor SV	6	29	20.0	-1
unter 30	vorbereitet	17	18	94.4	14
unter 30	früherer SV	28	33	85.0	5
unter 30	Strafe	18	21	85.7	6
nicht vorbereitet	Zukunft kaum zu bewältigen	5	26	19.2	-1
kein früherer SV	Zukunft kaum zu bewältigen	4	21	19.0	-1
jahrelange Dauer	kein früherer SV	6	32	18.8	-1
jahrelange Dauer	Angst vor SV	4	21	19.0	-1
jahrelange Daucr	feste Arbeit	3	21	14.3	-6
Tage	nicht vorge-stellt	19	23	82.6	3
Tage	wenig Alkohol	17	21	81.0	1

Tage	nicht religiös	21	26	80.8	1
Tage	wehren	18	22	81.8	2
Sprechen	kein früherer SV	6	38	15.8	-4
Sprechen	kein Ziel	4	24	16.7	-3
zurückgezogen	Zukunft kaum zu bewältigen	4	21	19.0	-1

Tab.28: Zweistellige Symptomkombinationen, die mit einem hohen prädiktiven Werte einen Suizidversuch vorhersagen (80%) oder ausschließen (20%).

Es ist nun so, daß bei jedem Patienten mehrerer solcher Merkmalskombinationen vorhanden sein können, solche mit hohem und solche mit niedrigem prädiktiven Wert. Es stellt sich nun die Frage, mit Hilfe welchen Kalküls man aus der Kenntnis dieser Merkmalskombinationen eine Vorhersage der Gruppenzugehörigkeit (mit oder ohne Suizidversuch) ableiten kann. Der Interpreter eines Expertensystems arbeitet üblicherweise so, daß er die Merkmalskombination mit dem höchsten Gewicht hernimmt und aufgrund dieser Kombination seine Entscheidung trifft. Als Gewicht einer Merkmalskombination würde man dann etwa den Absolutwert des prädiktiven Wertes nehmen können. Die Patienten, die keine einzige Merkmalskombination von den oben aufgezeigten erfüllen, fallen gewissermaßen durch das Sieb. Wenn man also die Patienten unberücksichtigt läßt, die vom Regelsystem nicht erfaßt werden, dann ergeben sich folgende Vorhersagequoten:

		Vorhergesagte Gruppenzugehörigkeit	
Gruppe	**Zahl d. Fälle**	**Versucher**	**Nichtver.**
Versucher	56	44 (79%)	12 (21%)
Nichtversucher	65	10 (15%)	55 (85%)

Tab.29: Ergebnisse der Klassifikation mit Hilfe der empirischen Wissensbasis (n=150). Nur bei 121 Patienten konnten Regeln angewandt werden. Ein Patient hatte zwei Regeln mit dem gleichen Absolutgewicht, war also nicht entscheidbar.

Bei den 121 Patienten, die mit Hilfe der empirischen Regelbasis entscheidbar waren, lag die korrekte Zuordnung also bei 82%.

4. Diskussion

Man kann sich nun von den Merkmalen, die bei einem Patienten mit Suizidversuch vorkommen, versuchsweise ein einheitliches Bild machen. Die Patienten besitzen einen großen Antrieb. Dies drückt sich dadurch aus, daß sie angeben, ihre Interessen hätten nicht nachgelassen, sie hätten sich nicht zurückgezogen, sie hätten noch Ziele im Leben, die Zukunft sei zu bewältigen. Die Patienten werden gegen einen undurchdringlichen Widerstand getrieben: ein Objekt, das sich ihnen widersetzt und dabei Schmerzen und Depression erzeugt. Die Patienten negieren dieses Objekt weniger (nicht untrennbar, nicht gebunden, Umgebung egal), als sie sich selbst negieren (Strafe, Schuld). Der Suizidgedanke wird eher nicht kommuniziert, die Erfahrung früherer Suizidversuche wirkt handlungserleichternd. Die Frage, warum gerade die gefundenen Merkmalskombinationen einen so hohen prädiktiven Wert aufweisen, bleibt ungeklärt. Dazu müßte man ein Modell über das tatsächliche Zusammenwirken von Faktoren im präsuizidalen Patienten besitzen. In ihm sollte das individuelle Wissen eines Patienten mit in die Entscheidung einfließen können. Dieses ideographische Wissen sollte das nomothetische Wissen ergänzen und gegebenenfalls überspielen können.

E. Überprüfung an weiteren 80 Patienten (Studie D)

1. Einleitung

Das in der Studie C gefundenen Wissen ist nach wie vor hypothetisch. Seine Tauglichkeit muß es erst noch an einer weiteren Studie beweisen. Es stellte sich also die Frage, ob das in der letzten Studie empirisch gefundene Wissen ausreichen würde, um auch in einer Kontrollstudie die beiden Gruppen (Patienten mit und ohne Suizidversuch) zu unterscheiden.

2. Methode

Die Kontrollgruppe bestand aus insgesamt 80 Patienten (45 ambulanten und 35 stationären) der Psychiatrischen Universitätsklinik Erlangen. Wie in den vorhergehenden Studien litten alle Patienten unter Suizidgedanken. Bei 34 (42,5%) Patienten blieb es dabei, während 46 (57,5%) darüberhinaus einen Suizidversuch unternommen hatten. Den Patienten wurde der oben verwendete Fragebogen in reduzierter Form vorgelegt. Es wurden nur noch die 27 Fragen verwendet, deren Items entweder in der Diskriminanzanalyse oder dem Regelsystem verwendet worden waren.

3. Ergebnisse

a. Überprüfung der Diskriminanzfunktion

Als erstes wurde die Diskriminanzfunktion aus Studie C auf die vorliegenden 80 Patienten angewandt. Es ergaben sich folgende Ergebnisse: Insgesamt beträgt die Zahl der durch die Diskriminanzfunktion richtig klassifizierten Patienten 72,5 %. Bedenkt man, daß die Diskriminanzfunktion lediglich 5 Variable benutzt und es sich um eine Kontrollstudie handelt, so ist das Ergebnis bemerkenswert. Es beweist, daß die gefundene Diskriminanzfunktion die Vorhersage des Suizidversuches in einer Gruppe von Patienten mit Suizidgedanken um mehr als 20% verbessert gegenüber dem Zufallswert von 50% (siehe Tabelle 31).

		Vorhergesagte Gruppenzugehörigkeit	
Gruppe	**Zahl d. Fälle**	**Versucher**	**Nichtver.**
Versucher	46	33 (72%)	13 (28%)
Nichtversucher	34	9 (26%)	25 (74%)

Tab.30:Ergebnisse der Klassifikation mit Hilfe der Diskriminanzfunktion aus Studie C, angewandt auf die Kontrollstudie (n=80).

Bei einem Wert der Diskriminanzfunktion von Null (n=4) wurde Suizidalität angenommen.

b. Überprüfung der empirischen Wissensbasis

Die Anwendung der empirischen Regeln kann auf sehr ökonomische Weise geschehen: eingebunden in eine wissensbasiertes System kann man mit der Abfrage derjenigen Merkmale beginnen, die in Regeln vorkommen mit einem hohen Absolutgewicht. Wenn eine Regel mit einem hohen Absolutgewicht erfüllt ist, kann der Dialog bereits beendet und die Vorhersage getätigt werden. Anderenfalls fragt man die Regeln mit dem nächst niedrigeren Absolutgewicht ab. Die Regel mit dem größten Absolutgewicht wurde zur Vohersage benutzt (vgl. Tab.30). Wenn man die Regeln der in Studie C gewonnenen empirischen Wissensbasis auf die Patienten der Studie D anwendet und jeweils die Regel mit dem höchsten Absolutgewicht zur Vorhersage heranzieht, erhält man die folgenden Ergebnisse:

		Vorhergesagte Gruppenzugehörigkeit	
Gruppe	**Zahl d. Fälle**	**Versucher**	**Nichtver.**
Versucher	43	37 (86%)	6 (14%)
Nichtversucher	32	12 (37,5%)	20 (62,5%)

Tab.31: Ergebnisse der Klassifikation mit Hilfe der empirischen Wissensbasis aus Studie C, angewandt auf die Kontrollstudie D (n=80)

Bei 5 Patienten der Kontrollstudie konnten keine Regeln mit hohem prädiktiven Wert gefunden werden, bei ihnen war eine Vorhersage folglich nicht möglich. Die Prozentzahlen beziehen sich daher auf die 75 Patienten, für die eine Vorhersage gemacht wurde.

Insgesamt wurden also 76% der Patienten richtig zugeordnet.

Betrachtet man sich nun die Zahl der falsch zugeordneten Patienten, so stellt man fest, daß von den 18 falsch beurteilten Patienten 12 stationär behandelt wurden. Von den 45 ambulanten Patienten der Studie D wurden 39 Patienten richtig eingeordnet und nur 6 falsch, das entspricht einer ambulanten Erfolgsquote von 87%. Von den 35 stationären Patienten hingegen wurden 12 Patienten falsch zugeordnet.

4. Diskussion

Eigentlich kann man vier Gruppen von Patienten mit Suizidgedanken unterscheiden: die erste Gruppe hat zwar Suizidgedanken, es besteht aber keine Gefahr, daß es zu deren Ausführung kommt, die zweite Gruppe ist doch psychisch so beeinträchtigt, daß eine Verwirklichung der Suizidgedanken nicht ganz ausgeschlossen erscheint, die dritte Gruppe hat eben einen Suizidversuch durchgeführt und ist noch voll mit der Bewältigung dieses Geschehens beschäftigt, die vierte Gruppe schließlich ist schon etwas weiter in der Bewältigung ihres Suizidversuches, sie ist dabei, sich von damals handlungsleitenden Gedanken zu distanzieren. Man kann sich leicht vorstellen, daß die erste und die dritte Gruppe sich am ehesten voneinander unterscheiden lassen. Die zweite Gruppe, die einem möglichen Suizidversuch näher steht als die erste, findet sich eher auf Station als die erste Gruppe. Die Patienten der vierten Gruppe sind ebenfalls auf Station häufiger anzutreffen, gelingt es doch dort den Patienten oft schneller, sich zu distanzieren.

Es stellt sich also die Frage, ob die Tatsache der stationären Behandlung nicht eine zusätzliche Variable darstellt, die die Entscheidung zu einer suizidalen Handlung mitbeeinflußt. Es könnte sein, daß der eigentlich suizidale Patient durch den Schutz der Station von seinem suizidalen Vorhaben abgehalten wird - in der Tat ist das die Funktion der psychiatrischen Station bei akut-suizidalen Patienten.

Andererseits trifft man auf Station eher Patienten nach einem Suizidversuch, die sich bereits weitgehend distanziert haben und sich nur noch schlecht in die Situation vor dem Suizidversuch zurückversetzen können. Deshalb sind die ambulanten Patienten der Kontrollstudie leichter zu trennen als die stationären.

F. Zusammenfassung

In der Suizidstudie A wurden hypothetische Regeln aufgrund subjektiver Erfahrung und Kenntnisse der Literatur gebildet. In der Suizidstudie B wurden diese subjektiven Regeln an den Daten von 100 Patienten empirisch überprüft. Dabei fand sich eine Erfolgsquote, die mit 56% nur knapp über dem Zufallsergebnis von 50% liegt. Dies war der Anlaß, dann in der Studie C anhand der Daten von 150 Patienten eine empirische Wissensbasis abzuleiten und als Kontrollmethode eine Diskriminanzanalyse mitlaufen zu lassen.

In der Studie D wurde dann die gewonnene empirische Wissensbasis an 80 neuen Patienten überprüft. Jetzt fand sich eine Erfolgsquote von 76%, die aber immer noch nur knapp über dem der Diskriminanzanalyse mit 73% liegt.

In einer weiteren Studie E sollen daher mit dem Vorliegen neuer Patientendaten Regeln abgeleitet werden, die mehr als zwei Prämissen haben und einen höheren prädiktiven Wert aufweisen, um die erzielten Ergebnisse weiter zu verbessern.

V. Schlußbemerkung

Fragt man nach dem Gesamtergebnis der Untersuchung, so hat sich gezeigt, daß Computer brauchbare, wenn auch nicht vollendete Werkzeuge für den Arzt sein können. Es ist absehbar, daß sie in wenigen Jahren auf kaum einem Schreibtisch fehlen werden. Um so dringlicher ist es, daß entsprechende Programme verfügbar sein müssen, die dem Arzt eine wirkliche Hilfe anbieten. Dazu ist es notwendig, daß insbesondere entsprechende wissensbasierte Systeme entwickelt werden, deren Kapazität nach oben nicht begrenzt sein sollte - die also lernfähig sind und ihre Entscheidungen gut erklären können.

Für solche Programme ist die Akzeptanz bei Patienten, Studenten und Ärzten durchaus gegeben. Sie sind bereit, sich mit diesem neuen Instrument zurechtzufinden. Die vorgelegte Arbeit beschreibt Neuland, muß deshalb manchmal tastend oder unvollkommen wirken, die erzielten Resultate aber sind ermutigend und zukunftsweisend. Es muß darauf geachtet werden, daß diese Methoden das Gespräch mit dem Patienten als erstes und oberstes Gebot nicht zurückdrängen dürfen. Es geht nicht darum, an Stelle des Arztes den Computer zu setzen. Vielmehr soll er helfen, gewisse, oft entscheidende Teilaspekte zu beantworten. Unsere Aufgabe besteht darin zu überlegen, auf welchen Gebieten und in welchen Punkten "künstliches" Wissen das Expertenwissen des Arztes ergänzen kann oder zu seiner Selbstkontrolle sich anbietet.

Nach Wesniak (1986) "verdoppelt sich unser Detailwissen alle 5-7 Jahre. Diese Wissensexplosion hat dazu geführt, daß sich die Heilkunde heute einer Anzahl von Spezialisten und Subspezialisten bedienen muß, die den Patienten unter sich aufteilen, ja zerteilen müssen. Dies hatte auch zur Folge, daß sich die akademische Medizin immer weiter von der in den Ordinationen praktizierten Allgemeinmedizin entfernt hat. Sehr zum Nachteil beider Seiten. Eine zufriedenstellende Lösung des Integrationsproblems ist uns bisher ... nicht gelungen". Expertensysteme könnten eine Lösung dieses Problemes darstellen. Indem sie jedem Arzt das gesamte Wissen zur Verfügung stellen, können sie mithelfen, daß jeder Arzt den Patienten wieder als Ganzes zu sehen lernt.

Neu daran ist, daß dieses umfassende Wissen gezielt benutzt werden kann, um anstehende Fragen bei einem bestimmten Patienten zu klären. Die Bereitstellung dieses Wissens für jedermann hat man auch als "Industrialisierung des menschlichen Wissens" bezeichnet.

Bei der "Alkoholstudie" wurde ein Computerprogramm benutzt, welches als Vorläufer der Expertensysteme bezeichnet werden könnte: In relativ starrer Reihenfolge werden Fragen gestellt, deren Antworten bewertet sind (das sind die "Regeln"). Durch Aufsummierung der Werte erhält man für jeden Patienten eine Punktezahl, die man dann mit seiner Therapiemotivation korrelieren kann.

Obwohl das Programm diesen einfachen Aufbau besitzt, kann damit gut vorhergesagt werden, ob ein Patient an einer Entwöhnung teilnehmen wird, aber nicht, ob er diese auch durchhalten wird.

In der Studie mit Alkoholkranken wurden die Daten mit Hilfe eines direkten Computer-Patienten-Interviews erhoben. Unsere Patienten zogen die neue Art der Befragung eindeutig einem Fragebogen vor, ein Drittel der Patienten gaben immerhin dem Computer den Vorzug vor einem Arztgespräch. Fast alle Patienten erlebten das Interview als nicht-anstrengend und fühlten sich meist auch persönlich angesprochen. Diese Ergebnisse lassen die Frage stellen, ob nicht für bestimmte Patientengruppen mehr von Seiten der Computer-Wissenschaften getan werden könnte. Dabei ist auch die Frage therapeutischer Programme zu diskutieren, die etwa in der Verhaltenstherapie bereits ihre ersten Erfolge aufzuweisen haben (siehe Anhang).

Das vorgestellte Programm zur Differentialdiagnose des depressiven Syndroms zeigt, daß psychiatrisches Wissen so in eine Form (Regelsystem, Wissenbasis) gebracht werden kann, daß es der Klinik vergleichbare Diagnosen stellen kann. Das verwendete psychiatrische Wissen besitzt also eine innere Konsistenz und Widerspruchsfreiheit. Sowohl die klinische als auch die computergenerierte Diagnose stützen sich auf die ICD-9 Klassifikation. Da diese Einteilung sehr viele Möglichkeiten zuläßt, wurden bei der Validierung Gruppen von Diagnosen gebildet: organische, suchtbedingte, zyklothyme, neurotisch/persönlichkeitsbedingte und reaktive Depressionen. Vorerst wurden nur bei dieser groben Einteilung mit dreistelligen ICD-Nummern hohe Übereinstimmungen zwischen Klinik und Expertensystem erreicht. Ziel ist es jedoch, auch für die Feineinteilung in einzelne Diagnose mit vierstelligen ICD-Nummern hohe Übereinstimmungen zu erhalten. Besondere Aufmerksamkeit wurde bei der "Depressionsstudie" der statistischen Überprüfung der Regeln gewidmet. Die in der Wissensbasis verwendeten Regeln entstammen ja der psychiatrischen Tradition. In unserer statistischen Überprüfung dieser Regeln fanden sich hochinteressante Übereinstimmungen zwischen dem tradierten Wissen und den berechneten Beziehungen. Dies spricht dafür, daß die "psychiatrischen Gründerväter" recht gesehen haben, als sie Ordnungsbeziehungen aus der Erfahrung der Einzelfälle abstrahierten.

In den Studien mit Suizidenten hat sich schließlich gezeigt, daß es möglich ist, eine empirische Wissensbasis zu erstellen, die eine gute Vorhersage eines Außenkriteriums gestattet.

Die psychiatrische Diagnostik wird zwar in den nächsten Jahren von international verbreiteten Wissensbasen wie dem ICD-10 (WHO) oder dem DSM-III (APA) geprägt sein. Das kann jedoch nicht darüber hinwegtäuschen, daß auch deren diagnostischen Regeln der subjektiven Erfahrung entstammen und im allgemeinen nicht empirisch begründet sind. Das vorgestellte System wird zwar diese "offiziellen" Klassifikationsschemata aufnehmen, seine Zukunft wird aber im Erwerb neuen, empirischen Wissens bestehen. Dazu wird es Prozeduren einsetzen, um dieses Wissen passiv oder aktiv zu erwerben, und es wird Prozeduren einsetzen, die es gestatten, dieses Wissen zu überprüfen. Mit der Zunahme seiner informationsverarbeitenden Fähigkeiten wird das System immer mehr als Modell der menschlichen Informationsverarbeitung einsetzbar werden. In dieser Funktion wird es uns helfen, die Fähigkeiten der menschlichen Psyche einschließlich ihrer Störungen besser zu verstehen als zuvor.

VI. Danksagung

Ich danke meinem verehrten Lehrer, Herrn Professor Dr.E. Lungershausen dafür, daß ich mich diesem Thema widmen durfte. Seiner Initiative und Anregung verdanke ich die wesentlichen Fragestellungen. Er hat die beschriebenen Techniken frühzeitig gefördert, und ihm ist es zu verdanken, daß die Computer in unsere Klinik Eingang fanden, auf denen diese Programme entwickelt werden konnten. Ohne seine Initiative wäre diese Arbeit nicht entstanden.

Ich danke auch meinen Lehrern der Neurologie und Psychiatrie, den Herren Professoren Baer, Daun und Flügel. Herr Professor Stoyan hat in seinem Seminar über "Expertensysteme in der Medizin" so manche intuitive Idee klarer werden lassen. Herr Prof.H.Schneider und die Kollegen des Bezirkskrankenhauses Erlangen haben mit ihrer Unterstützung ermöglicht, daß die Patientenzahlen mancher Studien erhöht werden konnten. Weiter danke ich Dr.F.M.Böcker und den Kollegen unserer Klinik, die in anregender Anteilnahme das Entstehen dieser Arbeiten verfolgten. Meine Frau, Dr.G.Fricke-Kalb sowie meine Kinder Stefanie und Johannes haben mir ermöglicht, meine Zeit diesem Vorhaben zu widmen. Die Studenten unseres Seminars über "Computergestützte Diagnostik", welches ich zusammen mit Herrn Professor Lungershausen abhalten durfte, insbesondere Herr F.Fischer, Herr L.Fischer und Frau A.Russau, haben mich mit ihrer Treue und ihrem Interesse ermutigt, an den Erfolg unseres Unternehmens zu glauben. Die studentischen Hilfskräfte unseres Computer-Investitions-Projektes (CIP), insbesondere Herr H.Eberhardt, standen mir mit Rat und Tat in technischen Fragen zur Seite. Nicht zuletzt sei auch der Deutschen Forschungsgemeinschaft gedankt, die mit ihrem Computer-Investitions-Programm die Möglichkeit eröffnete, die Lehre und Forschung am Computer in der Kopfklinik Erlangen zu intensivieren.

Anhang A. Expertensysteme in Innerer Medizin und Neurologie

Name	Leistung	Autoren
CADUCEUS-INTERNIST	500 int.Erkrankungen	Pople,Myers und Miller 1975 Pople 1982 Miller 1982
MYCIN	Bacteriämien/ Meningitiden	Shortliffe 1976 Davis 1982 Yu et al. 1979a Yu et al. 1979b Buchanan et al.1984
PUFF	Lungenfunktions-störungen	Kunz 1978 Feigenbaum 1979
ONCOCIN	onkologische Therapie	Shortliffe et al. 1984

Tab.A1: Computerprogramme in der Inneren Medizin

Name	Leistung	Autoren
	Diagnose bei bewußt-losen Patienten	Reggia 1978 Reggia et al. 1980
	Schwindel,Kopfschmerz, Demenz	Lew u.Drachman 1983
NEUROLOGIST	120 neurolog.Diagnosen	Catanzarite und Greenberg 1983
SCAN	Neuroanatomie	Banks u.Weimer 1983
	Kopfschmerzen	Drummond u. Lance 1984
	Schädel-Hirn-Traumen	Mendelow 1984
	Neuropsychologie	Kapur 1984

ENCEPHALON	Patientensimulation	Andent 1984
	lumbale Bandscheiben-erkrankungen	Hudgins 1983
	Diagnose und Rehabilitation bei Hirnverletzungen	Lynch 1983
	Therapie von Merkfähigkeitsstörungen "Gedächtnisprothese"	Colby und Parkinson 1984

Tab.A2: Computerprogramme in der Neurologie. Auf die Einsatzmöglichkeiten in der Elektroencephalographie und der Computertomographie wurde verzichtet.

Anhang B. Daten zur Diskriminanz- und Clusteranalyse

Mit Hilfe des Programms SPSS/PC wurde zuerst eine Faktorenanalyse angefertigt. Als Extraktionsmethode wurde die "principal components analysis" gewählt. Dabei wurden 12 Faktoren extrahiert, deren Eigenwert größer als 1 lag. Diese 12 Faktoren erklärten 68,8% der Varianz. Anschließend wurde die Varimax-Rotation durchgeführt. Bei der Rotation wurde die Kaiser-Normalisation benutzt.

Die rotierte Faktor-Matrix zeigte dann, welche Symptome den größten Beitrag zu den jeweiligen Faktoren lieferten.

	Faktor1
Schuldgefühle	0.74135
Suizidgedanken	0.71262
ernstes Wesen	0.70825
sensibles Wesen	0.53433
	Faktor2
Abnahme der Libido	0.70429
Morgentief	0.66099
Ablenkung möglich	-0.64580
Familiäre Belastung	0.55525

	Faktor3
Vitalstörungen	0.79398
Antriebshemmung	0.74968
innere Unruhe	0.54055
	Faktor4
Grund angegeben	0.82460
Sorgen sehr groß	0.69487
Konflikt	0.58420
	Faktor5
asthenisches Wesen	0.79161
Schulschwierigkeiten	0.51878
hypochon.Befürchtungen	0.47387
	Faktor6
Merkstörungen	0.74901
Orientierungsstörungen	0.74174
Alkohol	0.55452
	Faktor7
Alkohol	0.49284
anamnest.Bewußtlos.	0.76992
Entwicklungsverzögerung	0.64214
	Faktor8
Zwangsphänomene	0.76081
belastungsabhängig	0.62487
	Faktor9
Appetitminderung	-0.78775
Angst	0.54982
komplizierte Geburt	-0.44313
	Faktor10
Affektlabilität	0.75485
anamnest.Phasen	-0.70570
	Faktor11
Durchschlafstörungen	0.65431
Verlangsamung	0.64076
Alter	0.55601
	Faktor12
Zeitdauer	0.74155
Benzodiazepine/Analgetica	0.42069

Tab.A3: Auszug aus Faktor-Matrix (nach Varimax Rotation). Es sind die Symptome angegeben,die die größten Beiträge zu den einzelnen Faktoren liefern.

Anschließend wurde eine Clusteranalyse durchgeführt. Als Abstandsmaß wurde das Quadrat der Euklidischen Distanz benutzt. Als Methode wurde "Complete linkage" ausgewählt.

Von den 165 Patienten wurden 121 Fälle akzeptiert und 44 wegen fehlender Werte zurückgewiesen. Das Ergebnis wurde in einem Dendrogramm dargestellt, aus welchem 6 Cluster abgelesen werden konnten. Als Variablen, die zur Clusterbildung herangezogen wurden, wurde von jedem in der Faktorenanalyse ermittelten Faktoren jeweils die Variable genommen, die am meisten zu diesem Faktor beiträgt. Nur beim Faktor 2 wurde, da die Variable "Libido abgenommen" viele fehlende Werte aufwies, auf die zweite Variable "Morgentief" zurückgegriffen.

In den jeweiligen Clustern fanden sich die folgenden Verteilungen auf die einzelnen Diagnosegruppen:

Cluster1:	organisch	1
	zyklothym	4
	suchtbed.	4
	neurot./pers.	7
	reaktiv	1
Cluster2:	organisch	1
	zyklothym	18
	suchtbed.	2
	neurot./pers.	5
	reaktiv	1
Cluster3:	organisch	0
	zyklothym	7
	suchtbed.	0
	neurot./pers.	13
	reaktiv	5
Cluster4:	organisch	3
	zyklothym	2
	suchtbed.	5
	neurot./pers.	4
	reaktiv	6
Cluster5:	organisch	12
	zyklothym	1
	suchtbed.	2
	neurot./pers.	1
	reaktiv	0

Cluster6:	organisch	1
	zyklothym	3
	suchtbed.	4
	neurot./pers.	5
	reaktiv	2
	fehlend	1

Tab.A4: Verteilung der Diagnosegruppen auf die Cluster

Anhang C. Medizinische Computerprogramme für die Ausbildung

Computergestützte Ausbildung:	
Anatomie	Marion et al. 1982
Innere Medizin	Abdulla et al. 1983 Talley et al. 1983
Pharmakologie	Pazdernik & Walaszek 1983 Merz 1982
Computergestützte Simulation	
Kinderheilk.	Hubert 1984
Neurologie	Hasley 1983
Physiologie	Skinner et al. 1983
Psychiatrie	Putnam 1985

Tab.A5: Heute vorliegende medizinische Computerprogramme, die vom Arzt/Medizinstudenten benutzt werden können.

Anhang D. Akzeptanz, Erwartungen und Forderungen

Es wurden 203 Studenten des 1.Semesters Medizin und 56 Studenten des 5. bis 7. Semesters befragt. Die Erstsemester wurden anläßlich einer Einführung in die Medizinische Psychologie, die höheren Semester anläßlich eines Untersuchungskursus in der Psychiatrie um die Beantwortung der Frage gebeten. Von den Erstsemestern hatten 5 Studenten das Ausfüllen des Fragebogens abgelehnt, von den höheren Semestern niemand. Abgesehen von dieser Einschränkung waren die Studenten nicht vorselektiert bezüglich ihrer Einstellung zum Computer. Die Studenten im höheren Semester hatten vor dem Ausfüllen des Fragebogens Gelegenheit, ein diagnostisches Expertensystem (siehe oben) kennenzulernen. Ihnen wurde danach auch ein weiterer Fragebogen zur Akzeptanz dieses speziellen Systems vorgelegt. Die Befragung erfolgte anonym. Läßt man die Studenten außer Betracht, die keine Angabe zu ihrem Geschlecht machten (n=8), waren in der Gruppe 1 (Erstsemester) 44,6% Studentinnen, in der Gruppe 2 (höheres Semester) 46,4%, in der Gesamtgruppe 45%. Vorerfahrungen mit Computern hatten in der Gruppe 1 45,1% und in der Gruppe 2 58,2%, in der Gesamtgruppe 48%.

Es wurde ein Fragebogen entwickelt, der sich an dem von Teach und Shortliffe (1984) beschriebenen Fragebogen orientiert. Die Autoren hatten mit ihrem Fragebogen amerikanische Ärzte und Nicht-Mediziner befragt. Um die Vergleichbarkeit mit der amerikanischen Studie zu gewährleisten, wurden bei jeder Frage fünf Antwortmöglichkeiten zugelassen, eine unbedingte Zustimmung, eine Zustimmung, Neutralität, Ablehnung und eine unbedingte Ablehnung. Die angegebenen Prozentzahlen beziehen sich immer auf die Anzahl der eindeutig gegebenen Antworten ohne die unbekannten oder nicht eindeutig zuordenbaren. Die Rate der nicht beantworteten bzw. nicht zuordenbaren Fragen ist bei den Akzeptanzfragen gering (höchstens 2 Studenten pro Frage), bei den Erwartungen liegt sie mit maximal 5 Studenten etwas höher. Dort betrifft sie lediglich die Gruppe 1. Erheblich höher ist sie bei den Anforderungen an einen Computereinsatz. Auch hier betrifft sie hauptsächlich die Gruppe 1. Die Zahl der auswertbaren Fragen liegt in der Gruppe 1 zwischen 169 und 192 (von 203 möglichen), in der Gruppe 2 zwischen 54 und 56 (von 56 möglichen). Im folgenden bezeichnen Prozentangaben im Text, die vor oder nach "(sehr) dafür" bzw. "(sehr) dagegen" stehen die Summe der Studenten, die sich insgesamt zustimmend oder ablehnend zu diesem Punkt geäußert haben.

	-2	-1	0	+1	+2
A1:Eingeben von Krankengeschichten in den Computer	8,6	22,2	21,4	36,2	11,7
A2:Errichten einer Datenbank für für alle Patientendaten	24,0	32,6	16,3	22,5	4,7
A3:Überwachung von Schwerkranken mit Hilfe eines Computers	12,0	10,9	17,8	39,5	19,8
A4:Diagnoseunterstützende Programme	7,8	12,1	26,2	43,8	10,2
A5:Therapieunterstützende Programme	4,7	11,7	27,2	45,5	10,9
A6:Zur Vorbereitung auf das Examen	12,8	13,6	26,1	29,6	17,9
A7:Zur Vorbereitung auf die Untersuchung des Patienten	7,0	20,5	29,5	34,5	8,5
A8:Einsatz in der ärztlichen Prüfung	28,6	25,9	33,2	9,3	3,1
A9:Programm als Arztersatz in medizinisch unterversorgten Gebieten	75,6	14,1	8,5	1,6	0,4
A10:Zur Fortbildung von Ärzten,die im Beruf stehen	6,9	8,9	21,2	45,6	17,4

Tab.A6: Fragen zur Akzeptanz bei der Gesamtgruppen der 259 Medizinstudenten (-2:sehr dagegen, -1: dagegen, 0:neutral, +1:dafür, +2:sehr dafür).

Die Studenten der Gesamtgruppe standen also sieben der zehn Vorhaben überwiegend positiv gegenüber: dem Eingeben von Krankengeschichten, der Überwachung von Schwerkranken, der Diagnose- und Therapieunterstützung, der Vorbereitung auf das ärztliche Examen und der Untersuchung des Patienten sowie der Weiterbildung des Arztes. Abgelehnt wurden die Errichtung einer Datenbank, das Verwenden als Arztersatz in medizinisch unterversorgten Gebieten und die Anwendung im ärztlichen Examen.

	+2	+1	0	-1	-2
E1:Vergrößerung des Einflusses von Krankenkassen/Regierung	16,1	40,6	25,2	16,9	1,2
E2:Der Computer wird für Behandlungsfehler verantwortlich gemacht	11,0	35,4	19,3	28,3	5,9
E3:Erhöhung der Kosten im Gesundheitswesen	12,2	23,1	27,8	32,5	4,3
E4:Bedrohung der persönlichen und beruflichen Privatspähre	26,0	32,7	22,0	16,1	3,1
E5:Ernste juristische und ethische Probleme	31,2	47,3	14,1	6,6	0,8
E6:Bedrohung des ärztlichen Selbstverständnisses	15,6	33,6	28,9	18,4	3,5
E7:Das Erlernen des Umgangs für Ärzte ist schwierig	3,5	16,9	20,0	43,1	16,5
E8:Blindes Vertrauen,Vernachlässigen des eigenen Urteils	14,0	50,6	20,2	11,3	3,9
E9:Untergraben des Vertrauens des Patienten in den Arzt	20,2	34,1	29,1	15,5	1,2
E10:Fehlerhaftes Arbeiten ist nicht auszuschließen	7,1	40,0	29,8	19,6	3,5
E11:Die Medizin wird inhumaner	38,0	32,9	15,3	11,8	2,0
E12:Das Wissen des Computers ist schwer auf den neuesten Stand zu bringen	1,2	7,9	22,2	42,9	25,8
E13:Entfremdung des Arztes vom Patienten durch elektron.Spielerei	23,1	36,1	21,2	16,5	3,1
E14:Zwingt den Arzt, wie ein Computer zu denken	7,4	19,1	28,9	30,1	14,5
E15:Medizinische Hilfsberufe werden überflüssig	3,2	12,6	17,0	35,6	33,6
E16:Der Bedarf an Spezialisten wird verringert	1,6	10,9	19,5	40,6	27,3

E17:Der Arzt kann seine Zeit weniger effizient einsetzen.	2,0	10,9	26,2	39,8	21,1

Tab.A7: Erwartungen der 259 Medizinstudenten an den Einsatz des Computers (+2:sehr zu erwarten, +1:zu erwarten, 0:unsicher, -1:nicht zu erwarten, -2:sicher nicht zu erwarten)

Die Studenten erwarten also überwiegend vom Einsatz des Computers eine Zunahme des Einflusses von Krankenkassen/Regierung, ein Verantwortlichmachen für Behandlungsfehler, eine Bedrohung der persönlichen und beruflichen Privatspähre, ernste juristische und ethische Probleme, eine Bedrohung des ärztlichen Selbstverständnisses, das Vernachlässigen des eigenen Urteils, das Untergraben des Vertrauens in den Arzt, ein nichtauszuschließendes fehlerhaftes Arbeiten des Computers, eine inhumanere Medizin und eine Entfremdung des Arztes vom Patienten. Weniger werden erwartet eine Erhöhung der Kosten im Gesundheitswesen, ein schwieriges Erlernen des Umgangs mit dem Computer, die Schwierigkeit, das Wissen des Computers auf den neuesten Stand zu bringen, das Überflüssigwerden von medizinischen Hilfsberufen oder eine Verringerung des Bedarfes an Spezialisten und schließlich, daß man seine Zeit weniger effizient einsetzen kann.

	+2	+1	0	-1	-2
D1:Erklären seiner diagnostischen oder therapeutischen Entscheidungen	62,3	25,9	4,9	3,6	3,2
D2:Tragbar und leicht zu handhaben	10,9	20,6	27,8	33,5	7,3
D3:Verständnis für die medizinischen Fakten	31,8	41,5	18,6	5,9	2,1
D4:Untersuchungen und Therapien sollten kostengünstiger werden	19,9	46,7	26,0	5,7	1,6
D5:Lernfähigkeit	18,2	32,5	32,9	10,4	6,1
D6:Aufweisen von "gesundem Menschenverstand"	17,9	27,7	30,4	12,5	11,6
D7:Simulierung der Gedankengänge eines Arztes	11,4	28,5	27,2	22,8	10,1
D8:Spezialisten sollten nicht überflüssig werden	45,4	32,5	12,5	5,4	4,2

D9:Umgang erfordert wenig Anstrengung und Lernen	16,0	44,0	24,3	14,0	1,6
D10:Verstehen von natürlicher Sprache	10,0	24,1	34,0	27,4	4,6
D11:Medizinisches Hilfspersonal soll nicht überflüssig werden	48,1	32,0	12,0	3,7	4,1
D12:Verringerung der Menge des Faktenwissens eines Arztes	14,8	27,6	19,3	24,3	14,0
D13:Kein Irrtum beim Aufstellen eines Behandlungsplanes	50,4	25,2	16,4	5,9	2,1
D14:Kein Irrtum bei Diagnosestellung	49,2	23,5	18,9	5,5	2,9
D15:Setzen des Leistungsstandards für die ärztliche Praxis	4,4	9,6	43,0	20,2	22,8

Tab.A8: Forderungen an einen Computereinsatz (+2:unbedingt notwendig, +1:notwendig, 0:neutral, -1 nicht notwendig, -2:auf keinen Fall notwendig)

Bei fast allen Punkten ist in der Gesamtgruppe die Zahl der Befürworter größer als die Zahl der Ablehnenden bis auf zwei Ausnahmen: Mehr Studenten halten es nicht für notwendig, daß der Computer tragbar und leicht zu handhaben sein muß, und er sollte nicht den Leistungsstandard für die ärztliche Praxis setzen.

Anhang E. Computergestützte psychiatrische Therapie

Name	Leistung	Autoren
ELIZA	klientenzentrierte Therapie nach Rogers	Weizenbaum 1966 Boden 1977 O'dell und Dickson 1984
	Desensibilisierung bei Phobien	Lang et al. 1970
	Verhaltenstherapie bei Phobien	Carr und Ghosh 1983 Carr und Ancil 1983
	kognitive Verhaltenstherapie bei Depression	Selmi et al. 1982
	Stress-Management, Abnehmen	Chin 1982
	Verhaltenstherapie bei Heranwachsenden	Clark und Schoeck 1983
	Kinderpsychotherapie	Allen 1983
	Autismus bei Kindern	Colby 1973
	Rehabilitation Hirnverletzter	Lynch 1978 Bracy 1983
	computerunterstütztes Biofeedback	Carr et al. 1983 Colby et al. 1966

Tab.A9: Therapieunterstützende Programme, bei denen der Patient direkt mit dem Computer in Kontakt tritt

Diese Therapieform ist umstritten. Während Autoren wie Zarr (1984) oder Weizenbaum (1976) sie kritisch beurteilen, haben Rokeach (1975), Greist (1977), Schwartz et al. (1986) oder Servan-Schreiber (1986) eine positive Einstellung.

Name	Leistung	Autoren
	Überwachung der Psychopharmakatherapie	Laska et al. 1980
DIMES	Überwachung der Psychopharmakatherapie	Mittel et al. 1981
	Lithium-Informations-system	Jefferson u. Greist 1984
HEADMED	Beratung bei Psycho-pharmakatherapie	Heiser et al. 1978 Brooks u.Heiser1980

Tab.A10: Therapieunterstützende Programme, bei denen der Arzt sich vom Programm beraten läßt

Anhang F. Computergestützte Modellbildung psychischer Störungen

LEISTUNG	AUTOR(EN)
Simulation von Denken und Problemlösen	Newell und Simon 1956 Newell,Shaw u.Simon1958 Ernst und Newell 1969 Newell und Simon 1972
Computersimulation eines neurotischen Prozesses	Colby 1963 Colby 1964 Colby 1965 Colby 1967 Colby et al. 1966
Computersimulation eines paranoiden Patienten (PARRY)	Colby 1975 Colby 1977 Colby 1981 Heiser et al. 1979 Colby et al. 1972 Colby et al. 1973
Computermodelle der Persönlichkeit	Loehlin 1968
Computermodell der psychoana-lytischen Sprache und Kognition	Clippinger 1977

Computersimulation der Paranoia	Faught 1978
RACTER	Chamberlain et al. 1985
Computersimulation der Schizophrenie	Callaway 1970 Callaway und Nagdi 1982

Tab.A11: Computerprogramme, die einen psychiatrischen Patienten simulieren können

Anhang G. Erweiterung der Wissensbasis: ICD-10

```
F31.0  (Schwere depressive Episode) Endogene Depression

WENN GILT:

Die Stimmung ist gedrückt, traurig oder gereizt
Die Fähigkeit, sich zu freuen, ist verlorengegangen
Der Zustand ist ungewöhnlich für die betreffende Person
Die Dauer ist mindestens zwei Wochen

UND MINDESTENS DREI DER FOLGENDEN SYMPTOME ERFÜLLT SIND
Die gedrückte Stimmung ist andauernd vorhanden und
unabhängig von äußeren Umständen
Die Stimmung bessert sich regelmäßig im Laufe des Tages
Es treten wiederholt Suizidgedanken oder gar Suizidversuche
auf
Es wird wahnhaft Schuld, Wertlosigkeit, körperliche
Erkrankung oder drohendes Unglück erlebt
Es sind Schuldgefühle oder Gefühle der Wertlosigkeit
vorhanden
Es besteht eine schwere Schlaflosigkeit, besonders in der
zweiten Nachthälfte
Der Appetit ist vermindert, das Körpergewicht ist um mehr
als 5% zurückgegangen
Der Patient ist agitiert: er läuft ruhelos herum oder kann
nicht still sitzen
Die Körperbewegungen sind verlangsamt, die Sprache langsam
und monoton
Der Patient hört Stimmen, die spöttische oder verurteilende
Bemerkungen zum oder über den Patienten machen

ES DARF NICHT VORHANDEN SEIN:
Der Patient erfüllt gleichzeitig Kriterien der
```

```
Schizophrenie
Die Episode ist auf Alkoholmißbrauch, eine endokrine
Störung, eine medikamentöse Behandlung oder irgendein
organisches Psychosyndrom zurückzuführen
Kriterien, die für eine manische Episode (F30.0) sprechen,
sind irgendwann im Leben des Patienten aufgetreten
```

Abb.A1: ICD-10 Regel zur Diagnose F31.0(Severe depressive episode)

Das Verfahren soll nun an einem Beispiel erläutert werden, womit sowohl das rationelle Vorgehen beim Bilden der Verdachtsdiagnose als auch beim Überprüfen der daraus sich ergebenden ICD-10 Regel ersichtlich wird (Eingaben des Arztes in Großschrift):

```
Welches Leitsymptom bietet der Patient?
DEPRESSIV

Gibt es eine Ursache für die Depression?
NEIN

Seit wann ist der Patient depressiv?
SEIT MONATEN

Sind frühere Phasen aufgetreten?
NEIN

Leidet der Patient an Durchschlafstörungen oder
Früherwachen?
JA

Ist der Appetit vermindert?
JA

Hat der Patient ein Morgentief?
JA

Sind in der Familie des Patienten Depression bekannt?
NEIN

Gibt der Patient Vitalstörungen an?
JA

[Verdachtsdiagnose: zyklothyme Depression (ICD-9: 296.1)]

Hat der Patient noch die Fähigkeit, sich zu freuen?
NEIN
```

```
Ist das für diesen Patienten ganz ungewöhnlich?
JA

Dauert es mindestens zwei Wochen?
JA

Gibt es Hinweise auf eine Schizophrenie?
NEIN

Ist die Symptomatik auf Alkoholmißbrauch zurückführbar?
NEIN

Auf eine endokrine Störung?
NEIN

Auf eine medikamentöse Behandlung?
NEIN

Auf eine organische begründbare psychische Störung?
NEIN

Diagnose: F31.0 zyklothyme Depression (Severe depressive
episode)
```

Abb.A2: Beispiel eines Dialoges mit dem Expertensystem und der ICD-10 Wissensbasis

Die erste Hälfte dient dem Gewinnen der Verdachtsdiagnose. In der zweiten Hälfte werden die ICD-10 Bedingungen abgefragt, die noch nicht bekannt sind und für die Diagnose F31.0 (severe depressive episode) notwendig und hinreichend sind. Sobald die Symptome ausreichen, wird auf das weitere Abfragen verzichtet.

Anhang H. Die Erstellung von Kurzbriefen

AUS DER PSYCHIATRISCHEN KLINIK MIT POLIKLINIK DER UNIVERSTITÄT
ERLANGEN-NÜRNBERG
DIREKTOR: PROF. DR. E. LUNGERSHAUSEN
ERLANGER EXPERTENSYSTEM (C)COPYRIGHT DR.R.KALB 1986/87/88
DATUM: 14.09.1988

KURZBRIEF über den Patienten Z.D.

DIAGNOSE: Es handelt sich um eine depressive Reaktion (ICD 309.0)

FAMILIENANAMNESE: In der Familie des Patienten sind Depressionen aufgetreten.

SOZIALANAMNESE: Es liegen keine weiteren Angaben vor.

EIGENANAMNESE: Die jetzigen Beschwerden des Patienten waren bereits früher einmal aufgetreten. In der Anamnese finden sich abgegrenzte depressive Phasen.

JETZIGE ANAMNESE: Der Patient klagt über depressive Verstimmung, ansonsten werden keine weiteren Beschwerden angegeben. Die jetztigen Beschwerden sind seit Monaten vorhanden. Es wird ein Grund für die depressive Verstimmung angegeben. Er befindet sich in einer Konfliktsituation, die er nicht aufzulösen vermag. Auch wenn er etwas Schönes erlebt, kann sich der Patient nicht mehr so freuen wie früher.

PSYCHISCHER BEFUND: Der Patient ist orientiert. Die Konzentration und die Merkfähigkeit sind normal. Die Stimmung ist gedrückt. Der Antrieb ist gehemmt, es fehlt also der Schwung, Absichten in die Tat umzusetzen.

NEUROLOGISCH finden sich: ansonsten unauffällige Befunde

INTERNISTISCH finden sich: weiter keine Auffälligkeiten

KONSILBEFUNDE: weitere Befunde wurden nicht erhoben

ZUSATZUNTERSUCHUNGEN: Es wurden keine weiteren Untersuchungen durchgeführt.

DISKUSSION: An die reaktive Depression wird vor allem

deshalb gedacht, weil der Patient keine Durchschlafstörungen, kein Morgentief, dafür aber einen Grund für die Verstimmung angibt.

Abb.A3: Datenausgabe des Expertensystems in Form eines Kurzbriefes

Anhang I. Akzeptanz des vorliegenden Expertensystems

Was die Akzeptanz eines solchen Expertensystem bei Medizinstudenten angeht, darf ich auf die folgende Untersuchung verweisen.

Einer Gruppe von 56 studentischen Benutzern wurden insgesamt 6 Fragen zur Akzeptanz gestellt (siehe Tab.A12 und Abb.A4).

	ja	nein
War der Umgang mit dem Expertensystem leicht für Sie?	68%	7%
Können Sie sich vorstellen, mit Hilfe eines solchen Programmes Ihre Diagnose zu überprüfen?	98%	2%
Erwarten Sie von einem solchen Programm eine Verbesserung Ihrer Fähigkeiten, Anamnese und Befund eines Patienten zu erheben?	89%	11%
Glauben Sie, daß das Programm zur Vorbereitung auf die Untersuchung eines Patienten dienen kann?	73%	27%

Tab.A12: Fragen zur Akzeptanz des ERLANGER EXPERTENSYSTEMS an 56 Benutzer

Welches sind Ihrer Meinung nach die Vorteile eines solchen Programmes?

-Standardisierung der Anamnese, kein "Vergessen" von Fragen

-Diagnoseüberprüfung und Kontrolle der eigenen Diagnose

-Zeitersparnis

-Überprüfung des eigenen Wissens

-Examensvorbereitung

-Übung

-Unterstützung, Einsatz als "Nachschlagewerk"

-Objektivität, Reproduzierbarkeit, Vergleichsmöglichkeiten

Welches sind Ihrer Meinung nach die Nachteile ?

-Gefahr, sich allzusehr auf den Computer zu verlassen

-Entfremdung des Arztes vom Patienten, der zunehmenden Anonymi-
tät und "Apparatemedizin"

-Gefahr der Abhängigkeit des Arztes vom Computer

-Verringerung der ärztlichen Fähigkeiten, Verunsicherung des
Arztes

-der "gesunde Menschenverstand" komme zu kurz

Gefahr des Mißbrauchs von Daten, Problem des Datenschutzes

Abb.A4: Vor- und Nachteile des ERLANGER EXPERTENSYSTEMS (56 Benutzer)

VII. Literaturverzeichnis

Abdullah,A.M.,Watkins,L.O.,Henke,J.S., Weitz,F.I.& Frank,M.J.: Classroom use of personal computers in medical education. A practical approach. Med.Educ. 17(229-232)1983

Allen,D.H.:The use of computer fantasy games in child therapy. In:Schwartz,S.R.(ed):Using computers in clinical practice.New York The Haworth Press 1984

Allport,D.A.: Patterns and actions: Cognitive mechanisms are content-specific. In G.Claxton (ed.) Cognitive psychology - new directions London Routledge & Kegan Paul 1980

American Psychiatric Association: DSM-III. Diagnostic and statistical manual of mental disorders. 3rd ed. American Psychiatric Association Washington DC 1980

Andent:Encephalon. 1000 North Avenue, Waukegan,Il 60085

Anderson,J.& Bower,G.: Human associative memory. Washington D.C. Winston 1973

Anderson,J.R.: Language,memory and thought. Hillsdale New Jersey Lawrence Erlbaum Associates 1976

Andreasen,N.C.: Concepts,diagnosis,and classification. In: Handbook of affective disorders. Paykel,E.S.(Ed.) Churchill Livingstone Edinburgh London Melbourne New York 1982

Antons,K.: Therapie des Alkoholismus. Methoden und Probleme. Nicol-Verlag Kassel 1980

Apfelbaum,A.: A critical re-examination of the concept "motivation for change" in psychoanalytic treatment. Int.J.Psycho-Analysis 53 (1972) 51-59

Arbeitsgemeinschaft für Methodik und Dokumentation in der Psychiatrie (AMDP): Das AMDP-System. Manual zur Dokumentation psychiatrischer Befunde Springer Berlin 1979

Avery,D.H., Wilson,L.G., Dunner,D.L.: Diagnostic subtypes of depression as predictors of therapeutic response. In: Treatment of depression: Old controversies and new approaches pp.193-206 Clayton,P.J., Barrett,J.E. (eds.) Raven Press New York 1983

Banks,G.& Weimer,B.: Symbolic coordinate anatomy for neurology (SCAN). Proceedings SCAMC-7, pp 828-830, 1983

Bannister,D., Salmon,P. & Leiberman,D.M. Diagnosis-treatment relationships in psychiatry: a statistical analysis. British Journal of Psychiatry, 110 (1964) 726-732

Barraclough,B.M., Bunch,J., Nelson,P.& Sainsbury,P.: A hundred cases of suicide: clinical aspects. British Journal of Psychiatry 125 (1974) 355

Beck,A.T., Ward,C., Mendelson,M., Mock,J. & Erlbaugh,J.: Reliability of psychiatric diagnoses: 2.A study of consistency of clinical judgments and ratings. American Journal of Psychiatry, 119 (1962) 351-357

Bochnik,H.J.,Gärtner-Huth,C. & Richtberg,W.: Psychiatrie lernen. Erkennen,Erfahren,Handeln. Perimed Erlangen 1986

Boden,M.A.: Artificial Intelligence and Natural Man, Basic Books New York 1977

Böcker,F.: Über den Umgang mit suizidgefährdeten Patienten. Nervenheilkunde 3 (1984) 171-173

Bonhoeffer,K.: Die exogenen Reaktionstypen. Archiv für Psychiatrie und Nervenkrankheiten 58 (1917) 58-70

Bracy,O.L.:Using computers in neuropsychology. In: Schwartz,S.R.(ed): Using computers in clinical practice. New York The Haworth Press 1984

Braff,D.L.,Callaway,E.& Naylor,H.: Very Short-Term Memory Dysfunctions in Schizophrenia. Archive of General Psychiatry 34 (1977)25-30

Brenk-Schulte,E. & Feuerlein,W.: Das Konstrukt Therapiemotivation im Spiegel der Literatur unter besonderer Berücksichtigung der Therapie des Alkoholkonsums. In: Knischewski,E.(Hrsg.): Alkoholismustherapie. Vermittlung von Erfahrungsfeldern im stationären Bereich. Nicol-Verlag Kassel 1983

Broen,W.E.Jr.: Schizophrenia.Research and Theory. Academic Press New York London 1968

Broen,W.E.Jr. & Storms,I.H.: Lawful disorganization: the process underlying a schizophrenic syndrome.Psychological Review 73 (1966) 265-279

Brooks,R.& Heiser,J.:Some experience with transferring the MYCIN system to a new domain. IEEE Transactions on Pattern Analysis and Machine Intelligence, PAMI-2,477-478

Buchanan,B.G. & Shortliffe,E.H.:Rule-Based Expert Systems. The Mycin Experiments of the Stanford Heuristic Programming Project Addison-Wesley Reading Massachusetts 1984

Bühringer,G.: Argumente zur Neuorientierung der Therapiedauer bei Abhängigen. Suchtgefahren 29 (1983) 202-210

Burglass,D.& Horton,J.: A scale for predicting subseqent suicidal behaviour. British Journal of Psychiatry 124 (1974) 573-578

Burglass,D. & McCulloch,J.W.: Further suicidal behavior: The development and validation of predictive scales. British Journal of Psychiatry 116 (1970) 483-491

Byrne,D.G.: Cluster analysis applied to self-reported depressive symptomatology. Acta psychiatrica scandinavica 57(1978)1-10

Callaway III,E.: Schizophrenia and interference.An analogy with a malfunctioning computer. Archive of General Psychiatry 22 (1970) 193-208

Callaway E. & Nagdi S.: An Information Processing Model for Schizophrenia. Archive of General Psychiatry 39(1982)339-347

Card,W.I., Nicholson,M., Crean,G.P., Watkinson,G., Evans,C.R., Wilson,J.& Russel,D.: A comparison of doctor and computer interrogation of patients. International Journal of Biomedical Computing 5(1974)175-187

Carr,A.C.& Ancill,R.J.:Computers in psychiatry. Acta psychiatrica scandinavica 67 (137-143) 1983

Carr,A.C.& Ghosh,A: Patients' attitudes to computer assessment of phobias. British Journal of Psychiatry 1983

Carr,A.C.& Ghosh,A.: Accuracy of behavioural assessment by computer. British Journal of Psychiatry (142-166)1983

Catanzarite,V.A.& Greenberg,A.G.: Computer consultation in neurology: subjective and objective evaluation of the NEUROLOGIST system. Comput.Biol.Med. 12 (343-355) 1983

Chamberlain,W.& Etter,Th.: zitiert nach Dewdney,A.K.: Computerkurzweil. Spektrum der Wissenschaft 3(1985)8-12

Chin,K.:Software for your psyche. Infoworld 5(24-27)1982

Chomsky,N.:Syntactic structures. The Hague Mouton 1957

Clancey,W.J.:Tutoring rules for guiding a case method dialogue. In Intelligent tutoring systems,Sleeman,D.& Brown,J.S.(eds.) London Academic Press 1982

Clark,B.& Schoech,D.: A computer assisted therapeutic game for adolescents: initial development and comments. Computers in Psychiatry/Psychology 5 (3) 1983

Clippinger,J.H.:Meaning an discourse: a computer model of psychoanalytic speech and cognition. Baltimore Maryland The John- Hopkin-University Press 1977

Cohen,E., Motto,J.A.& Seiden,R.H.: An instrument for evaluating suicide potential: A preliminary study. American Journal of Psychiatry 122 (1966) 886-891

Colby,K.M.: Computer simulation of a neurotic process. In Computer simulation of personality: frontier of psychological research. Tomkins,S.S. & Messick,S.(eds.) New York Wiley 1963

Colby,K.M.: Experimental treatment of neurotic computer programs. Archives of General Psychiatry 10(1964)220-227

Colby,K.M.: Computer Simulation of Neurotic Processes. In Stacy, R.W. & Waxman,B.D. (eds.) Computers in Biomedical Research Vol.1 New York 1965

Colby,K.M., Watt,J.B. & Gilbert,J.P.: A Computer Method of Psychotherapy: Preliminary Communication. Journal of Nervous and Mental Disease 142(1966)148-152

Colby,K.M.: Computer simulation of change in personal belief systems. Behavioural Science 12(1967)248-253

Colby,K.M.,Weber,S.& Hilf,F.D.:Artificial paranoia. Artificial Intelligence 2(1971)1-25

Colby,K.M.,Hilf,F.D.,Weber,S.& Kraemer,H.:Turing-like indistinguishability tests for the validation of a simulation of paranoid processes. Artificial Intelligence 3(1972)199-221

Colby,K.M.& Hilf,F.D.:Multidimensional evaluation of a simulation of paranoid thought processes. Memo AIM-194,Stanford Artificial Intelligence Laboratory, Compter Science dempartment, Stanford University,California 1973a

Colby,K.M.:The rational for computer-based treatment of language difficulties in non-speaking autistic children. J.Autism Child Shizophr 3(254-260)1973b

Colby,K.M.: Artificial paranoia: Computer simulation of paranoid processes. Elmsford, New York Pergamon Press 1975

Colby,K.M.: Appraisal of four psychological theeories of paranoid phenomena. Journal of Abnormal Psychology 86(1977)54-59

Colby,K.M.: Modeling for a paranoid mind. The Behavioural and Brain Sciences 4(1981)515-560

Colby,K.M. & Parkinson,R.C.: An intentional-action guiding algorithm in a user-programmable memory prosthesis. Comput. Programs Biomed. 18,3 (165-172) 1984

Conflix:Medical Logic International. 5 Pathfinder Drive Sumter, SC 29150 (Dr.Galen Cook)

Craig,L., Golenzer,F.& Laska,E.: Computer Constructed Narratives. In: Kline,N.S.& Laska,E.(eds.): Computers and electronic devices in Psychiatry. Grune & Stratton, New York and London, 1968

Davis,R.: Consultation, knowledge acquisition, and instruction: a case study. In Artificial Intelligence in Medicine ed.P.Szolovitz pp.55-78 Boulder Colorado Westview Press 1982

Dean,R.A., Miskimins,W., DeCook,R., Wilson,L.T.& Maley,R.F.: Prediction of suicide in a psychiatric hospital. Journal of Clinical Psychology 23 (1967) 296-301

De Dombal,F.T.: Medical diagnosis from a clinician's point of view. Methods of Information in Medicine 17(1978)25-35

Devries,A.G.: A potential suicide personality inventory. Psychological Reports 18,3 (1966) 731-738

Diekstra,R.F.W.: Social and interpersonal factors in suicidal behaviour: A theoretical and empirical analysis. In Diekstra,R.F.W.& Van de Loo,K.J.M.(eds.): The cost of crisis. Van Gorcum Assen pp100-139 (1972)

Drummond,P.D.& Lance,J.W.: Clinical diagnosis and computer analysis of headache symptoms. Journal of Neurology, Neurosurgery and Psychiatry 47,2 (128-133) 1984

Eiduson,B.R.,Brooks,S.H.,Motto,R.L.,Platz,A.& Carmichael,R: New Strategy for Psychiatric Research, Utilizing the Psychiatric Case History Event System. In: Kline,N.S.& Laska,E.(eds.): Computers and electronic devices in Psychiatry. Grune & Stratton, New York and London, 1968

Elstein,A.S.,Shulman,L.S. & Sprafka,S.A.: Medical problem solving:an analysis of clinical reasoning. Cambridge Massachusets Harvard University Press 1979

Enright,J.: One step forward: Situational techniques for altering motivation for therapy. Psychotherapy: Theory,Research and Practice 12 (1975) 344-347

Epstein,S.& Coleman,M: Drive theories of schizophrenia. Psychosom. Med. 32 (1970) 113-140

Evans,C.R., Price,H.C.& Wilson,J.: Computer interrogation of patients with respiratory complaints in a London hospital. Community Science 69 (1973) National Physics Laboratory

Evans,C.R., Wilson,J., Card,W.I., Crean,G.P., Watson,J.B., Nicholson,M.& Watkinson,G.: A study on on-line interrogation of hospital patients by a time-sharing terminal with computer/consultant comparison analysis. Community Science 52(1971) National Physics Laboratory

Everitt,B.S., Gourlay,A.J. & Kendell,R.E.: An attempt at validation of traditional psychiatric syndromes by cluster analysis. British Journal of Psychiatry 119(1971)399-412

Farberow,N.L.& MacKinnon,D.: A suicide prediction schedule for neuropsychiatric hospital patients. Journal of Nervous and Mental Disease 158 (1974) 408-419

Faught,W.S.:Motivation and Intentionality in a Computer Simulation Modell of Paranoia. Birkhäuser Basel und Stuttgart 1978

Faust,V.,Wolfersdorf,M. & Hole,G.: Zur Diagnose der Depressionen. In: Faust,V. & Hole,G. (Hrsg.):Depressionen:Symptomatik - Ätiopathogenese - Therapie. Hippokrates Stuttgart 1983

Feigenbaum,E.A.,Buchanan,B.G. & Lederberg,J.: On generality and problem solving: A case study involving the DENDRAL program. In : Meltzer,B. & Michie,D.(eds):Machine Intelligence 6 pp 165-190 New York American Elsevier 1971

Feigenbaum,E.A.: Themes and case studies of knowledge engineering. In: Michie,D (ed.):Expert systems in the micro-electronic age. Edinburgh University Press 1979

Feinberg,M.:zitiert nach Schwartz,S.R.,Stinson,CH.& Berlant,J.: Computers in Psychiatry MD.Computing Vol.2.2(1985)42-50

Feuerlein,W.:Alkoholismus-Mißbrauch und Abhängigkeit. Enstehung - Folgen - Therapie. Thieme Stuttgart 1984

Feuerlein,W.& Zorn,R.: Katamnestische Erhebungen an stationär behandelten Alkoholikern. In: Mißbrauch chemischer Substanzen. 1.Wiss.Symposium d.DHS, Tutzing 1974

Freeling,P., B.M.Rao, E.S.Paykel, L.I.Sireling and R.H.Burton: Unrecognised depression in general practice. Br.Med.J. 290 (1985), 1180-1183

Freud,S.: Trauer und Melancholie. Fischer Frankfurt 1975 (1917)

Gastpar,M.:Experience of organizing collaboration of general practioners in psychiatric studies in specific cathment area. Mod.Prob.Pharmacopsychiat.16,75 Karger Basel 1981

Gilbert 1981 zit.nach Norusis,M.J.: SPSS/PC+ Advanced Statistics. SPSS inc, 1986

Glueck,B.C.jr. & Rosenberg,M.: Automation of Patient Behavioral Observations. In: Kline,N.S.& Laska,E.(eds.): Computers and electronic devices in Psychiatry. Grune & Stratton, New York and London, 1968

Goldman,L., Weinberg,M., Weisberg,M., Olshen,R., Cook,E.F.,Sargent, R .K., Lamas,G.A., Dennis,C., Wilson,C.,Deckelbaum,L., Fineberg,H., Stiratelli,R. & the Medical House Staffs at Yale-New Haven and Brigham Women's Hospital: A computer derived protocol to aid in the diagnosis of emergency room patients with chest pain. New England Journal of Medicine 307(1982)588-596

Greist,J.H.: Computer measures of patient progress in psychotherapy. Psychiatry Digest 38 (1977) 23-30

Greist,J.H., Gustfson,D.H., Stauss,F.F., Rowse,G.L., Laughren,T.P.& Chiles,J.A.: A computer ijnterview for suicide risk prediction. American Journal of Psychiatry 130 (1973) 1327-1331

Greist,J.H.,Klein,M.H. & Erdman,H.P.: Routine on-line psychiatric diagnosis by computer. American Journal of Psychiatry 133(1976) 1405-1408

Grinell,M., Keeley,S.M.& Doherty,M.E.: Bayesian predictions of faculty judgments of graduate school success. Organiz.Behav.Human Perform. 6 (1971) 379

Gustafson,D.H., Edwards,W., Phillips,L.D.& Slack,W.V.: Subjective probabilities in medical diagnosis. IEEE Trans. 10 (1969) 61

Gustafson,D.H., Greist,J.H., Stauss,F.F., Erdman,H. & Laughren,T.: A Probabilistic System for Identifying Suicide Attemptors. Computers and Biomedical Research 10 (1977) 83-89

Gustafson,D.H., Tianen,B.& Greist,J.H.: A Computer-Based System for Identifying Suicide Attemptors. Computers and Biomedical Research 14 (1981) 144-157

Haase,H.-J.: Depressionsformen. In Haase,H.-J.(Hrsg.):Der depressive Mensch. Perimed Erlangen 1984

Hänsel,D.: Gedanken zum Verlauf der Motivation bei suchtkranken Patienten. Suchtgefahren 26 (1980) 112-118

Hamilton,M.:A Discussion Of Computers In Psychiatry. In: Kline,N.S.& Laska,E.(eds.): Computers and electronic devices in Psychiatry. Grune & Stratton, New York and London, 1968

Hand,D.J.:Artificial Intelligence in Psychiatry. Cambridge University Press Cambridge 1985

Hartung (zit.nach Riedel,P.& Ehinger,W.: Therapiemotivation bei Alkoholikern. Diplomarbeit Univ.Tübingen Psychologisches Institut (1979)

Hartung,O., Ringelstein, E.B. Wetter,T.: Entwicklung eines Meßinstrumentes zur Quantifizierung der Therapiemotivation von Alkoholikern. Kongreßband: 28. Internationale Tagung der ICAA 1982

Hasley,A:Training in medical informatics.The use of computers for diagnostic purposes. Int.J.Biomed.Comp. 13.2(109)-1983

Hayes-Roth,F., Waterman,D.A.& Lenat,D.B.: An Overview of Expert Systems. In: Hayes-Roth,F., Waterman,D.A.& Lenat,D.B.(eds.): Building Expert Systems. Addison-Wesley Reading Massachusetts 1983

Heiser,J.F.,Brooks,R.E. & Ballard,J.P.: Progress report:A computerized psychopharmacology adivsor (abstract). In Proceedings of the 11th Collegium Internationale Neuro-Psychopharmacologicum (Vienna) 1978

Heiser,J.F., Colby,K.M., Faught,W.S. & Parkinson ,R.C.: Can psychiatrists distinguish a computer simulation of paranoia from the real thing? Journal of Psychiatric Research 15(1979)149-162

Helas,I.: Jahresstatistik 1982 der ambulanten Beratungs- und Behandlungsstellen für Suchtkranke in der Bundesrepublik Deutschland. In:Ziegler,H.: Jahrbuch 1984 zur Frage der Suchtgefahren. Neuland-Verlagsgesellschaft Hamburg 1984

Helm,C.E.: Natural Language Processing in Behavioral Research. In: Kline,N.S.& Laska,E.(eds.): Computers and electronic devices in Psychiatry. Grune & Stratton, New York and London, 1968

Helmchen,H.: Das AMDP-System. 4.Auflage, Springer Berlin Heidelberg New York 1983

Helmchen,H.:Schwierigkeiten in der Differentialdiagnose depressiver Zustände. In Kiehlholz,P. & Adams,C.(Hrsg.): Vermeidbare Fehler in Diagnostik und Therapie der Depression. Deutscher Ärzteverlag Köln 1984

Henseler,H.: Narzißtische Krisen. Zur Psychodynamik des Selbstmordes. Rororo Reinbek 1974

Henseler,H., Marten,R.F.& Sodemann,U.: Kriterienliste als Screening-Instrument zur Erfassung chronischer Suizidalität. Nervenarzt 54 (1983) 33-41

Hubert,C: Medical students learn form "David" Arizona Daily Star, January 3, 1984

Hudgins,W.R.: Computer-aided diagnosis of lumbar disk herniation. Spine 8,6 (604-615) 1983

Hursch,C., Hammond,K.R.& Hursch,J.L.: Some methodological considerations in multiple cue probability studies. Psychological Revue 71 (1964)

Jefferson,J.W. & Greist,J.H.: The lithium information center. In: Schwartz,S.R.(ed):Using computers in clinical practice. New York The Haworth Press 1984

John,U.: Erfolgskriterien bei Alkoholabhängigen nach einer Therapie: Aspekte sozialer Integration und Abstinenz. Suchtgefahren 30 (1984) 168-177

Kahlbaum zitiert nach Kendell,R.E.:Die Diagnose in der Psychiatrie. Enke Stuttgart 1978

Kaplan,A.:The Conduct of Inquiry:Methodology for Behavioral Sciences. San Francisco Chandler 1964

Kapur,N.: Using a microcomputer-based data management system for neuropsychological record filing, report generation, and as clinical decision aid. Bull.Brit.Psychol.Soc. 37,1 (413-415) 1984

Karasu,T.:Psychotherapies: An overview. American Journal of Psychiatry 134 (1977) 851-863

Kassirer,J.P. & Gorry,G.A.: Clinical problem solving:a behavioural analysis. Annals of internal medicine 89(1978)245-255

Kendell,R.E.:Die Diagnose in der Psychiatrie. Enke Stuttgart 1978

Kendell,R.E.:Diagnosis and Classification in Companion to Psychiatric Studies Kendell,R.E. and Zealley,A.K. (eds.) Churchill Livingstone Edinburgh London Melbourne and New York 1983

Kiehlholz,P.:Die Depression in der täglichen Praxis. Huber Bern Stuttgart Wien 1974a

Kielholz,P.: Diagnose und Therapie der Depressionen für den Praktiker. Lehmann München 1974b 3.Auflage

Kobsa,A:Künstliche Intelligenz und kognitive Psychologie. In: Informatik und Psychologie. Schauer,H. & Tauber M.J.(Hrsg.) Oldenburg Wien München 1982

Kobsa,A:Artificial Intelligence und Kognitive Psychologie. In Artificial Intelligence - Eine Einführung.Leitfäden der angewandten Informatik. Richter,L. & Stucky,W.(Hrsg.) Teubner Stuttgart 1984

Kolodner,J.L.,Kolodner,R.M.:Towards a computer model of psychiatric reasoning. Proceedings: The Sixth Annual Symposium on Computer Applications in Medical Care. Washington DC Computer Society Press 99(1982)

Kolodner,J.L.:Towards an unterstanding of the role of experience in the evolution from novice expert. International Journal of Man-Machine Studies 19(1983)497

Kolodner,J.L.,Kolodner,R.M.:An algorithm for diagnosis based on analysis of previous cases. Proceedings of MEDCOMP 1983 Athens Ohio

Korczak,D.: The estimation of suicidal behavior withih representative epidemiological studies. First European Symposion on Empirical Research of Suicidal Behaviour. March,19-22,1986 Munich F.R.G.

Kraepelin zitiert nach Kendell,R.E.:Die Diagnose in der Psychiatrie. Enke Stuttgart 1978

Kreitman,N., Sainsbury,P., Morrissey,J., Towers,J.& Scrivener,J.: The reliability of psyciatric assessment: an analysis. Journal of Mental Science, 107 (1961) 887-908

Kreitman,N.: Parasuicide. Wiley&Sons London NewYork Sidney Toronto 1977

Kreitman,N.: Prevention of suicidal behaviour. In Wing,I.K.& Haefner,H.(eds.): Roots of Evaluation. London Oxford Press 1973

Küfner,H., Feuerlein,W.& Flohrschütz,T.: Die stationäre Behandlung von Alkoholabhängigen: Merkmale von Patienten und Behandlungseinrichtungen, katamnestische Ergebnisse. Suchtgefahren 32 (1986) 1-86

Kunz,J.C.: A physiological rule-based system for interpreting pulmonary function test rules. Memo.HPP-78-19, Stanford University Department of Computer Science Stanford California 1978

Kurz,A. & Möller,H.J.: Zur Wirksamkeit suizidprophylaktischer Versorgungsprogramme. In: Faust,V. & Wolfersdorf,M.(Hrsg.): Suizidgefahr. Hippokrates Stuttgart 1984

Kurz,A., Möller,H.J., Torhorst,A. & Lauter,H.: Validation of 7 risk scales for suicide attemptors. First European Symposion on Empirical Research of Suicidal Behaviour. March,19-22,1986 Munich F.R.G.

Lang,P.J., Melamed,B.G.& Hart,J.: A psychophysiological analysis of mear modification using an automated desensitization procedure. Journal of Abnormal Psychology 76 (1970) 220-234

Laska,E.,Morrill,D.,Kline,N.S.,Hackett,E. & Simpson,G.M.: SCRIBE - A method for producing automated psychiatric case histories. Zit. nach Laska,E.& Kline,N.S.: Computers at the Rockland Research Center. In: Kline,N.S.& Laska,E.(eds.): Computers and electronic devices in Psychiatry. Grune & Stratton, New York and London, 1968

Laska,E.,Siegel,C.& Simpson,G.:Automated review systems of orders of psychotropic drugs. Archive of General Psychiatry 37 (824)1980

Lauter,H.: Akute Psychiatrische Notfälle. Internist 21(1980) 40-49

Lehman,R.S.:Computer Simulation and Modelling:An introduction. Lawrence Erlbaum Associates Publishers Hillsdale N.J. 1977

Lettieri,D.J.:Suicidal prediction scales. In: Beck,A.F., Resnik,H.L.& Lettieri,D.J.(eds.): The prediction of suicide. Charles Press Publishers Bowie pp 163-192 (1974)

Lew,R.A. & Drachman,D.A.: Computer aids in neurological diagnosis. Proceedings AAMSI Conference-2, pp 68-71, 1983

Linden,K.-J.: Der Suizidversuch. Versuch einer Situationsanalyse. Enke Stuttgart 1969

Lindsay,R.: How smart must you be to be crazy? The Behavioural and Brain Sciences 4(1981)541-542

Loehlin,J.C.: Computer Models of Personality. Random House New York 1968

Lucas,R.W.: A study of patient's attitudes to cmputer interrogation. International Journal of Man-Machine Studies 9 (1977) 69-86

Lucas,R.W., Card,W.I., Knill-Jones,R.P., Watkinson,G.& Crean,G.P.: Computer interrogation of patients. British Medical Journal (1976) 623-625

Lucas,R.W., Mullin,P.J., Luna,C.B.X.& McInroy,D.C.: Psychiatrists an a computer as interrogators of patients with alcohol-related illness: a comparison. British Jornal of Psychiatry 131 (8)1977 pp 160-167

Lungershausen,E.: Selbstmord und Selbstmordversuch bei Studenten. Hüthig, Heidelberg 1968a

Lungershausen,E.: Suizidprophylaxe in der ärztlichen Praxis. Landarzt 44 (1968b) 27

Lungershausen,E.: Trauer,Schwermut und Depression. In: Das depressive Syndrom, Schäden peripherer Einzelnerven, Epilepsie-Diagnose und Therapie Daun,H.,Lungershausen,E. & Witkowski,R.(Hrsg.) Hoechst Frankfurt/Main 1983

Lynch,W.J.: The use of a word processor in language rehabilitation. Cognitive Rehabilitation 1,6 (20-23) 1983

Mans,D.: Expertensysteme: Was sie heute leisten und wohin sie sich entwickeln. IBM Nachrichten 36/285 (7-13) 1986

Margo,A.,Johnson,R.,Ancill,R. & Carr,T.: Assessment of depression by microcomputer. Acta psychiatrica scandinavica 67(1983)434-435

Marion,R.,Niebuhr,B.,Petrusa,E.& Weinholtz,D.:Computer-based instruction in basic medical science education. J.Med.Educ. 57 (521-526) 1982

Mathisen,K.S.:Annual Meeting of the American Association for the Advancement of Science New York 1984

Mattusek,P.:Clusteranalyse als Methode psychopathologischer Forschung.Nervenarzt 54(1983)363-371

Meehl,P.E.: Schizotaxia,schizotypy,schizophrenia. American Psychologist 17 (1962) 827-838

Mendelow,A.D.: A clinical algorithm for management of head injury incorporating risk factors for haematoma. J.Microcomput.Appl. 7,3-4 (371-373) 1984

Merz,B.:New med student pastime. J.A.M.A. 248,16(1947) 1982

Michalsky,R.S.& Chilausky,R.L.: Knowledge acquisition by encoding expert rules versus computer induction from examples: a case study involving soybean pathology. International Journal of Man-Machine Studies,12(63-87) 1980

Mindlin 1959 (zit. nach Baekeland,F.& Lundwall,L.: Dropping out of treatment: a critical review. Psychol.Bull. 82 (1975) 738-783

Miskimins,R.& Wilson,L.: The Revised Suicide Potential Scale. J.Consult.Clin. Psychol. 33 (1969) 258

Mittel,N.S.,Gardner,G.H.& Rose,B.W.: Computerized monitoring of psychotropic drug orders: some trends and revelations. Hospital Community Psychiatry 32 (277) 1981

Moore 1973 zit.nach Norusis,M.J.: SPSS/PC+ Advanced Statistics. SPSS inc, 1986

Moran,T.P.: The symbolic nature of visual imagery. In Advance Papers of the 3rd International Joint Conference on Artificial Intelligence, Stanford California pp.427-477 1973

Motto,J.A.& Green,C.: Suicide and the medical community. Arch. Neur.Psychiatry 80 (1958) 776

Motto,J.A.& Heilbronn,D.C.: Development and validation of scales for estimation of suicidal risk. In: Shneideman,E.S.(ed.): Suicidology, contemporary developments. Grune and Stratton, New York pp 169-199 (1976)

Mulsant,B. & Servan-Schreiber,D.:Knowledge engineering:a daily activity on a hospital ward. Computerized Biomedical Research 17(1984)71

Newell,A., Shaw,J.C. & Simon,H.A.: Elements of a theory of human problem solving, Psychological Review 65(1958)151-166

Newell,A. & Simon,H.A.: The logical theory machine: A complex information processing system IRE Transactions on Information Theory, IT-2(1956)61-79

Newell,A. & Simon,H.A.: Human problem solving. Englewood Cliffs N.J. Prentice Hall 1972

Newell,A: Artificial intelligence and the concept of mind. In R.C. Schank & K.M.Colby (eds.) Computer models of thought and language. San Francisco Freeman 1973a

Newell,A.:Production systems: Models of control structures. In Chase,W.G.(ed.): Visual Information Processing, pp.463-526, New York Academic Press 1973b

Norusis,M.J.: SPSS/PC+. SPSS inc. Chikago 1986

O'dell,J.W. & Dickson,J.: Eliza as a "therapeutic" tool. Journal of Clinical Psychology 40,4 (942-945) 1984

Orford,J.& Hawker,A.: An investigation of an alcoholism rehabilitation halfway house: the complex question of client motivation. Br.J.Addict. 69,4 (1974) 315-323

Overall,J.E.:Major phenomenological subtypes in a general psychiatric population. Diseases of the Nervous System 32 (1971) 383-387

Padrutt,H.P.: Die Abschätzung der Suizidalität. Überprüfung der Brauchbarkeit einer Risikoliste (Pöldinger). Schweizerische Rundschau für Medizin 59 (1970) 403-404

Pallis,D.J., Gibbons,J.S.& Pierce,D.W.: Estimating suicide risk among attempted suicides. Efficiency of predictive scales after the attempt. British Journal of Psychiatry 144 (1984) 139-148

Patterson,W., Dohn,H.H., Birg,J. & Patterson,G.A.: Evaluation of sucidal patients: The SAD PERSONS scale. Psychosomatics 24,4 (1983) 434-439

Paykel,E.S.:Classification of depressed patients. A cluster analysis derived grouping. British Journal of Psychiatry 118(1971)275-288

Pazdernik,T.& Walaszek,E.: A computer-assisted teaching system in pharmacology for health professionals. J.Med.Educ. 58(341-348) 1983

Pfrang,H.& Schenk,J.: Einstellungen zum Krankheitsmodell und zu Selbsthilfegruppen als Prädikatoren der Teilnahme an Nachsorgeangeboten und des Therapieergebnisses bei Alkoholikern. European Archives of Psychiatry and Neurological Sciences 235 (1986) 371-377

Pilowsky,I.,Levin,S. & Boulton,D.M.:The classification of depression by numerical taxonomy. British Journal of Psychiatry 115 (1969) 937-945

Plaum,E.:Experimentalpsychologisch fundierte Theorien der kognitiven Störungen bei Schizophrenien. Fortschritte der Neurologie Psychiatrie 43 (1975) 1-41

Pöldinger,W.: Die Abschätzung der Suizidalität. Huber Bern Stuttgart 1968

Pöldinger,W.& Sonneck,G.: Die Abschätzung der Suizidalität. Nervenarzt 51 (1980) 147-151

Pöldinger,W.: Suizidprophylaxe bei depressiven Syndromen. In: Faust,V.& Wolfersdorf,M.(Hrsg.): Suizidgefahr. Hippokrates Stuttgart 1984

Pople,H.E., Myers,J.D. & Miller,R.A.: DIALOG: A model of diagnostic logic for internal medicine. In: Proceedings of the Joint Conference on Artificial Intelligence 4(1975)848-855

Pople,H.E.:Heuristic methods for imposing structure on ill-structured problems: the structuring of medical diagnostics. In Artificial intelligence in medicine. P.Szolovitz (ed.) 1982 pp 119-190, Boulder Colorado Westview Press

Post,E.: Formal reductions of the general combinatorial problem. American Journal of Mathematics. 65 (197-268) 1943

Puppe,B.:Mit künstlicher Intelligenz gegen das Wissensdilemma. Deutsches Ärzteblatt 19(1986)1367-1376

Putnam,W.:Discotest. M.D.Computing 3,2(21-23)1986

Pylyshyn,Z.W.: Computational models and empirical constraints. The Behavioral and Brain Sciences 1(1978)93-127

Quinlan,J.R.: Semi-autonomous acquistion of pattern-based knowledge. In Introductory readings in expert systems ed.D.Michie pp.192-207. New York Gordon & Breach 1982

Reggia,J.A.: A Production Rule System for Neurological Localization. Proceedings of the Second Annual Symposium on Computer Applications in Medical Care, Washington D.C., November 5-9, pp 254-260, 1978

Reggia,J.A.: A production Rule System for Neurological Localization. In Reggia,J.A.& Tuhrim,S.(eds.): Computer-Assisted Medical Decision Making Vol2. Springer New York Berlin Heidelberg Tokyo 1985

Reggia,J.A.,Pula,Th.P.,Price,Th.R. & Perricone,B.T.: Towards an Intelligent Textbook of Neurology. Proceedings of the Fourth Annual Symposium on

Computer Applications in Medical Care, Washington,D.C., November 2-5, pp 190-199, 1980

Reggia,J.A.& Tuhrim,S.: Computer-Assisted Medical Decision Making. Springer New York Berlin Heidelberg Tokyo 1985

Riedel,P.& Ehinger,W.: Therapiemotivation bei Alkoholikern. Diplomarbeit Univ.Tübingen Psychologisches Institut (1979)

Rieth,E.: Indikation, therapeutische Zielsetzung und Erfolg von Entziehungskuren in offenen Heilstätten. Dtsch. Rentenvers. 5 (1968)

Ringel,E.(Hrsg.): Selbstmordverhütung. Huber Bern Stuttgart Wien 1969

Ringel,E.: Selbstmord - Appell an die anderen. Kaiser/Grünewald München 1974

Robins,E.: Communication of suicidal intent: A study of 134 cases of successful (completed) suicide. American Journal of Psychiatry 115 (1959) 727

Rogers,N., Andersen,D.F., Deal,R.M., Garet,M.S., Shaffer,W.A.: Introduction to computer simulation: The system dynamics approach 1978

Rokeach,M.: Long-term value change initiated by computer feedback. J.Pers.Soc.Psychol. 32 (1975) 467-476

Salaschek,M.: Alkoholiker an einer Psychiatrischen Poliklinik - krankheitsbezogene Daten, Motivationseinschätzung und Verlauf. Suchtgefahren 28 (1982) 311-319

Sandifer,M.G.,Pettus,C. & Quade,D.: A study of psychiatric diagnosis.Journal of Nervous and Mental Disease 139(1964)350-356

Schaefer,R.E.: Denken - Informationsverarbeitung, mathematische Modelle und Computersimulation. Springer Berlin Heidelberg New York Tokio 1985

Schneider,K.:Klinische Psychopathologie. 12.Auflage Thieme Stuttgart New York 1980

Schuckit,M.A., Schwei,M.G.& Gold,E.:Prediction of Outcome in Inpatient Alcoholics. Journal of Studies on Alcohol 47,2 (1986) 151-155

Schüttler,R.: Entstehungsbedingungen und Diagnostik der Alkoholabhängigkeit. In: H.Hippius und W.Greil (Hrsg.): Psychiatrie für die Praxis 4 - Mißbrauch und Abhängigkeit. Medizin Verlag München 1986

Schwartz,S.R.(ed):Using computers in clinical practice. New York The Haworth Press 1984

Schwartz,S.R., Stinson,CH. & Berlant,J.: Computers in Psychiatry MD.Computing Vol2.2 (1985)42-50

Selmi,P., Klein,M.H.& Greist,J.H.: An investigation of computer - assisted cognitive-behavior therapy in the treatment of depression. Behav.Res.Methods Instrum. 14 (1982) 181-185

Servan-Schreiber,D.: Artificial Intelligence and Psychiatry. The Journal of Nervous and Mental Disease 174,4 (1986) 191-202

Shakow,D.:Segmental set. A theory of the formal psychological deficit in schizophrenia. Archive of General Psychiatry 6 (1962) 1-17

Shakow,D.:Psychological deficit in schizophrenia. Behavioral Science 8 (1963) 275-305

Shakow,D.: On doing research in schizophrenia. Archive of General Psychiatry 20 (1969) 618-642

Shortliffe,E.H.: MYCIN: A rule-based computer program for advising physicians regarding antimicrobial therapy selection. Ph.D.dissertation, Stanford 1974

Shortliffe,E.H.:Computer-based medical consultation:MYCIN. New York American Elsevier 1976

Shortliffe,E.H.,Scott,A.C., Bischoff,M.B., Campbell,A.B., van Melle,W. & Jacobs,Ch.D.: An Expert System for Oncology Protocol Management. In Buchanan,B.G.& Shortliffe,E.H.(eds.): Rule-Based Expert Systems. The MYCIN Experiments of the Stanford Heuristic Programming Project. Addison-Wesley Reading Massachusets 1984

Silomon,H.: Der Einzelfall und die Regel. Deutsches Ärzteblatt 84,17 (824-826) 1987

Simon,H.A.: The Sciences of the Artificial. Cambridge Massachusetts MIT Press 1969

Simon,H.A.: Cognitive Science: The Newest Science of the Artificial 4(1980)33-46

Simon,H.A.:The parameters of short-term and long-term memory. Vortrag vor dem Psychologischen Kolloquium der Universität Erlangen-Nürnberg am 10.Juli 1986

Skinner,J,Knowles,G.,Armstrong,R.& Ingram,D: The use of computerized learning in intensive care: an evaluation of an new teaching program. Medical Education 17,1 (49-53) 1983

Slack,W.V. & Van Cura,L.J.: Patient reaction to computer based medical interviewing. Computers and Biomedical Research 1 (1968) 527-531

Sletten,I.W., Altman,H. & Ulett,G.A., Routine diagnosis by computer. American Journal of Psychiatry 127(1971)1147-1152

Slovic,P.& Lichtenstein,S.: Comparison of Bayesian and regression approaches to the study of information processing in judgement. Organiz.Behav.Human Perform. 6 (1971) 649

Spitzer,R.L. & Endicott,J.: DIAGNO:A computer program for psychiatric diagnosis utilising the differential diagnostic procedure. Archives of General Psychiatry 18(1968)746-756

Spitzer,R.L. & Endicott,J.: DIAGNO II: further developments in a computer program for psychiatric diagnosis. American Journal of Psychiatry 125(Jan.Suppl.1969)12-21

Spitzer,R.L., Endicott,J., Cohen,J. & Fleiss,J.L.: Constraints on the validity of computer diagnosis. Archives of General Psychiatry, 31(1974)197-203

Spitzer,R.L., Endicott,J., & Robins,E. :Research diagnostic criteria. New York State Psychiatric Institute:New York State Department of Mental Hygiene (1975)

Spitzer,R.L. & Williams,J.B.W.: Entscheidungsbäume zur Differentialdiagnose. In: Diagnostisches und Statistisches Manual psychischer Störungen. DSM-III (übersetzt nach der 3.Auflage der American Psychiatric Association). Deutsche Bearbeitung: Koehler,K.,Saß,H. Beltz Weinheim und Basel 1984

Starkweather,J.A.: Computer Simulation of Psychiatric Interviewing. In: Kline,N.S.& Laska,E.(eds.): Computers and electronic devices in Psychiatry. Grune & Stratton, New York and London, 1968

Stilson,D.W. & Kopell,B.S.: The recognition of visual signals in the presence of visual noise by psychiatric patients. Journal of Nervous and Mental Disease 139 (1964) 209-221

Stork,J.: Fragebogentest zur Beurteilung der Suizidgefahr. Müller Salzburg 1972

Storms,L.H. & Broen,W.E.: A Theory of Schizophrenic Behavioral Disorganization. Archives of Generals Psychiatry 20 (1969) 129- 144

Sturt,E.: Computerised construction in Fortran of a discrimant function for categorical data. Applied Statistics 30(1981a) 213-222

Sturt,E.: An algorithm to construct a discrimant function in Fortran for categorial data. Applied Statistics 30(1981b)313- 325

Sydenham zitiert nach Hand (s.d.)

Talley,R.,Witzke,D.& Dieken,M.:Computerized program for internal medicine junior clerkship cognitive knowledge. Journal of Computer-Based-Instruction 9,3 (115-119) 1983

Teach,R.L. & Shortliffe,E.H.: An Analysis of Physicians's Attitudes. In B.G.Buchanan & E.H.Shortliffe: Rule-Based Expert Systems. Addison-Wesley, Reading, Massachusetts 1984

Toulmin,S.:Voraussicht und Verstehen. Suhrkamp Frankfurt/Main 1981

Tuckman,J.& Youngman,W.F.: A scale for assessing suicide risk of attempted suicides. Journal of Clinical Psychology 24 (1968) 17-19

Turing,A.M.:Computing machinery and intelligence. Mind 59(1950)433-460

Van de Loo,K.J.& Diekstra,R.W.: The construction of a questionnaire for prediction of subsequent suicidal attempts: A preliminary study. Nederlands Tijdschrift voor de Psychologie en haar Grensgebieden 25,2 (1970) 95-100

Vliegen,J., Vogel,Th. & Lungershausen,E.: Modelle endogender Psychosen. Fortschritte der Neurologie und Psychiatrie 43(1975)223-253

Ward,C.H., Beck,A.T., Mendelson,M., Mock,J.E. & Erbaugh,J.K.: The psychiatric nomenclature. Archives of General Psychiatry, 7, (1962) 198-205

Weizenbaum,J.: ELIZA-A computer program for the study of natural language communication between man and machine. Communications of the Association for Computing Machinery 9 (36-45) 1966

Weizenbaum,J.: Computer reason and human reason. San Francisco Freeman 1976

Wesiak,W.: Moderne Medizin im Kreuzfeuer der Kritik. Überlegungen zur gegenwärtigen Situation der Heilkunde. In H.M.Gardner(Hrsg.): Eingriffe in das Leben. Solaris Verlag Innsbruck 1986

Winston,P.H.: Artificial Intelligence. Reading Mass. Addison - Wesley 1977

World Health Organization: Diagnosenschlüssel und Glossar psychiatrischer Krankheiten. Deutsche Ausgabe der internationalen Klassifikation der WHO, 9.Revision, Degkwitz,R.,Helmchen,H., Kockott,G.,Mombour,W.(Hrsg) Springer Berlin Heidelberg New York 1980

Wing,J.K., Birley,J.L.T., Cooper,J.E., Graham,P. & Isaacs,A.D.: Reliability of a procedure for measuring and classifying, Present Psychiatric State. British Journal of Psychiatry 113 (1967) 499-515

Wing,J.K., Cooper,J.E. & Sartorius,N.: Description and Classification of Psychiatric Symptoms. Cambridge University Press. Cambridge 1974

Yates,A.J.:Psychological deficit. Ann.Rev.Psychol. 17 (1966) 111- 144

Yu,V.L.,Buchanan,B.G.,Shortliffe,E.H.,Wraith,S.M.,Davis,R.,Scott, A.C., & Cohen,S.N.: Evaluating the performance of a computer-based consultant. Computer Programs in Biomedicine 9(1979a)95-102

Yu,V.L., Fagan,L.M., Wraith,S.M., Clancey,W.J., Scott,A.C., Hanigan,J.F., Blum,R.L., Buchanan,B.G. & Cohen,S.N.: Antimicrobial selection by a computer: A blinded evaluation by infectious disease experts. Journal of the American Medical Association 242(1979b)1274-1282

Zarr,M.L.:Computer-mediated psychotherapy: toward patient- selection guidelines. American Journal of Psychotherapy 38(1) 1984

Zubin,J.:Classification of the behaviour disorders. Annual Review of Psychology 18(1967)373-406

Zung,W.W.K.: Index of Potiential Suicide (IPS). In Beck,A.T., Resnik,H.L.P.& Lettieri,D.(eds.): The prediction of suicide. Charles Press Publishers,Bowie,pp 221-249 (1974)